O VERDADEIRO EXORCISTA

OBTENHA SABEDORIA PARA VENCER O MAL

O VERDADEIRO EXORCISTA

RYUHO OKAWA

IRH Press do Brasil

Copyright © 2020 Ryuho Okawa
Edição original em inglês: © 2020 *The Real Exorcist – Attain Wisdom to Conquer Evil*
Tradução para o português: Happy Science do Brasil
Coordenação editorial: Wally Constantino
Revisão: Agnaldo Alves e Laura Vecchioli
Capa: Maurício Geurgas
Imagem de capa: IRH Press Co. Ltd

IRH Press do Brasil Editora Limitada
Rua Domingos de Morais, 1154, 1º andar, sala 101
Vila Mariana, São Paulo – SP – Brasil, CEP 04010-100

Todos os direitos reservados.
Nenhuma parte desta publicação poderá ser reproduzida, copiada, armazenada em sistema digital ou transferida por qualquer meio, eletrônico, mecânico, fotocópia, gravação ou quaisquer outros, sem que haja permissão por escrito emitida pela Happy Science – Ciência da Felicidade do Brasil.

ISBN: 978-65-87485-00-3

Sumário

Prefácio 9

Capítulo UM
O exorcista moderno

---❖---

1 O que são demônios? 13
2 A origem dos maus espíritos e dos demônios............... 23
3 Os sistemas de valores religiosos são o oposto exato
   dos valores apregoados pelos demônios 36
4 Lutar contra os demônios usando a razão
   e a sabedoria... 47
5 Um ritual sagrado para exorcizar demônios:
   o "El Cantare Fight"... 59
6 Fortalecer a Luz é melhor do que se concentrar
   no mal 69

Capítulo DOIS
Medidas básicas para superar perturbações espirituais

Dos conceitos básicos às aplicações práticas

---

1 Como identificar uma perturbação espiritual 75
2 Conhecimento básico necessário para combater demônios 83
3 Conhecimento prático sobre o exorcismo de demônios 98
4 As técnicas enganosas usadas pelos demônios e pelas religiões distorcidas 114
5 Pontos essenciais para evitar a influência de perturbações espirituais 121

Capítulo TRÊS
O verdadeiro exorcista

O poder para finalmente triunfar sobre o diabo

---

1 Poucas pessoas são capazes de ensinar o verdadeiro exorcismo 129
2 Locais onde é provável que haja espíritos errantes 132

3 O princípio da possessão espiritual e as situações
   reais em que se manifesta 139
4 Exorcismo 1:
   medidas drásticas que envolvem riscos.................. 145
5 Exorcismo 2:
   medidas defensivas de efeito gradual 149
6 Por meio da fé, torne-se uno com Deus 159

Capítulo QUATRO
Exorcistas como profissionais religiosos

Perguntas e respostas com Ryuho Okawa

❖

Pergunta 1
   Como verificar a própria fé................................ 173
Pergunta 2
   Como preservar um bom estado mental 191

Posfácio 203
Sobre o autor... 205
Sobre a Happy Science... 209
Contatos 211
Partido da Realização da Felicidade 214
Universidade Happy Science 215
Filmes da Happy Science 216
Outros livros de Ryuho Okawa 219

Este livro é uma compilação das seguintes palestras, com alguns acréscimos, conforme listado a seguir.

CAPÍTULO UM
Título em japonês: *Gendai no Exorcist*
Palestra proferida em 23 de junho de 2001 na Matriz Geral da Happy Science, Tóquio, Japão.

CAPÍTULO DOIS
Título em japonês: *Reishou Taisaku no Kihon*
Palestra proferida em 5 de setembro de 2018 na Sala Especial de Palestras, Happy Science, Tóquio, Japão.

CAPÍTULO TRÊS
Título em japonês: *Shin no Exorcist*
Palestra proferida em 9 de maio de 2018 na Sala Especial de Palestras, Happy Science, Tóquio, Japão.

CAPÍTULO QUATRO
Título em japonês: *Shukyou no Pro toshiteno Exorcist*
Sessão de perguntas e respostas realizada em 9 de maio de 2018 na Sala Especial de Palestras, Happy Science, Tóquio, Japão.

Prefácio[1]

Para compilar este livro, recorri a histórias verdadeiras das minhas próprias batalhas espirituais. Quase todos os dias sou abordado e confrontado por maus espíritos, demônios e *ikiryo* – uma combinação de pensamentos fortes entre uma pessoa viva e o seu espírito guardião.

Basicamente, a abordagem correta consiste em ensinar a Verdade a cada um desses seres e encaminhá-los para o céu. Precisamos identificar a causa principal do sofrimento do espírito ou a razão pela qual ele está atacando maliciosamente pessoas vivas. Então, de maneira lógica e racional, devemos refutar seus argumentos e indicar com clareza a direção que ele deve seguir para retornar ao céu. O exorcismo só é possível quando a causa fundamental é eliminada.

Para conseguir esse objetivo, você precisa ter disciplina, todos os dias. É indispensável estudar a Verdade, seguir uma disciplina espiritual, ter fé e praticar o altruísmo. Se você começar a acreditar que é alguém especial e por isso se tornar presunçoso, ou

---
[1] Este prefácio foi feito para o título em japonês *Shin no Exorcist* (compilado nos capítulos 2 a 4 deste livro).

se for constantemente movido por ambição, raiva e por uma visão ilusória das coisas, não será capaz de encontrar salvação. O hábito de fazer esforços humildes e diligentes também irá salvá-lo no sentido espiritual.

Ryuho Okawa
Mestre e CEO do
Grupo Happy Science
5 de abril de 2019

Capítulo Um

O exorcista moderno

O que são demônios?

A noção de demônio é familiar à sociedade ocidental

Este capítulo lida com um assunto um pouco incomum, o "exorcista moderno". Talvez você conheça o termo "exorcista", já que algumas décadas atrás foram exibidos vários filmes com esse termo em seu título. Mas, mesmo que não tenha visto nenhum deles, provavelmente já ouviu falar em exorcismo em algum outro contexto.

Um exorcista é alguém que exorciza demônios. A noção de demônio é muito familiar àqueles que foram criados na cultura cristã; eles sabem o que são demônios, e muitos cristãos acreditam de fato na sua existência. No Japão, porém, as pessoas têm um conhecimento limitado sobre demônios, e para muitas delas os demônios são criaturas restritas aos contos de fadas ou aos relatos da tradição folclórica.

O povo japonês talvez esteja mais familiarizado com o termo *oni* (ogro), pois desde os tempos antigos os ogros aparecem nas histórias japonesas. Mas, quando se referem a um *oni*, na verdade trata-se de um demônio. Portanto, demônios são aquilo que os japoneses chamam de *oni* (ogro).

No filme *O Exorcista*[2], os termos "demônio" e "diabo" foram usados com sentidos diferentes, de acordo com o contexto. A palavra "demônio" foi empregada para indicar um espírito mau ou malicioso, e "diabo" para uma criatura mais poderosa, com uma face horrível e chifres na cabeça, como aquelas imagens retratadas em cartas de baralho. O filme usou esses termos dessa maneira.

Portanto, os demônios são muito familiares aos ocidentais, mas os japoneses têm apenas uma vaga ideia deles. É possível até que muitos japoneses associem a imagem de um demônio ao cristianismo.

Há menção aos demônios em diversas religiões

Dito isso, os demônios aparecem também nas escrituras budistas. Na Índia, eles são chamados de *Namuci* ou *Mara-Papiyas*. "Mara" é a palavra em sânscrito para demônio; quando foi traduzida para

---

2 Filme americano (título original *The Exorcist*) de 1973, dirigido por William Friedkin e lançado no Brasil em 1974. Tornou-se um dos mais lucrativos filmes de terror de todos os tempos. (N. do E.)

o chinês, criou-se o termo "demônio" juntando-se dois caracteres: "cânhamo" para o som e "demônio" para o sentido. A existência de demônios também é amplamente aceita na Índia.

Nas religiões cristãs, Lucifel é o demônio mais poderoso. Ele era um dos sete arcanjos e hoje costuma ser conhecido como Lúcifer. É o que tem agora o maior poder no inferno. Havia também um demônio chamado Belzebu, que tentou Jesus muitas vezes nos quarenta dias em que Ele jejuou e vagou pelo deserto. Esse demônio disse a Jesus: "Se caíres em tentação e me adorares, dar-te-ei todos os reinos deste mundo". O demônio também tentou Jesus dizendo: "Se és o filho de Deus, ordena que estas pedras se transformem em pão". Jesus repreendeu-o: "Está escrito (no Antigo Testamento), 'Não tentarás o Senhor teu Deus'". Belzebu é também um demônio muito poderoso.

Em 1981 alcancei a Grande Iluminação. Se me perguntarem o número de vezes em que fui desafiado por Lucifel e Belzebu nesses anos todos, teria de admitir que foram algumas centenas de vezes por Lucifel e bem menos por Belzebu – talvez umas dez. Por outro lado, os demônios associados à Índia, como Mara-Papiyas ou Namuci, nunca apareceram para mim. Talvez ainda permaneçam nos domínios indianos e não tenham chegado ao Japão.

Quanto aos demônios ligados ao budismo, Kakuban[3] foi o que apareceu mais vezes à minha frente. Nas mensagens espirituais que publiquei na fase inicial da Happy Science[4] há algumas descrições desse demônio, mas naquele livro coloquei asteriscos em vez de seu nome, para evitar problemas.

Kakuban é um demônio associado ao budismo esotérico, e existem vários templos dessa vertente no Japão. Se me pedissem para mencionar o nome desses locais, correndo o risco de criar problemas, eu citaria o famoso Templo Hase, na Prefeitura de Nara, e um templo em Otowa, Bunkyo Ward, em Tóquio, que se dedicam a adorá-lo. Kakuban começou na Shingi Shingon ("Escola Shingon Reformada"), uma ramificação do budismo esotérico derivada da seita Shingon, que dizem ter sido a inspiração da seita Shingon. Ele recebeu mais tarde o título póstumo de Kogyo-Daishi e com essa denominação desfruta agora de relativo respeito. Mas enquanto era vivo, foi perseguido por grupos ortodoxos da seita Shingon por ter ministrado ensinamentos altamente

---

3 Kakuban (1095-1143), conhecido postumamente como Kogyo-Daishi, foi um sacerdote da seita Shingon do budismo japonês e creditado como um reformador. É famoso por sua introdução ao "nembutsu esotérico". (N. do E.)

4 Estas mensagens estão hoje compiladas na obra *Okawa Ryuho Reigen Zenshū* ("Coletânea de Mensagens Espirituais de Ryuho Okawa". Tóquio: Happy Science, 1999).

heréticos e equivocados. Foi obrigado a fugir para as montanhas de Negoro a fim de prosseguir com sua atividade de monge do budismo esotérico. Quando uma pessoa passa a ser perseguida, tende a ser tratada como um herói, e ele igualmente ganhou respeito após sua morte.

O demônio Kakuban foi perseguido porque seus ensinamentos eram equivocados. Apesar disso, há vários templos consagrados a ele e que seguem essa escola de pensamento, e muitas pessoas ainda acreditam em seus ensinamentos. É por isso que evitei de propósito mencionar seu nome naquela época, substituindo-o por asteriscos. Ele é o demônio associado ao budismo que vem me incomodar com maior frequência.

Hoje, Kakuban está envolvido em dois dos novos grupos religiosos japoneses e ilude seus seguidores de várias maneiras. Um desses grupos é uma seita esotérica budista baseada em Quioto, e o outro é um novo grupo religioso com sede em Tóquio, que coloca ênfase nos poderes espirituais. Kakuban entrou nesses grupos quando estavam sendo criados e continua desencaminhando-os.

O budismo esotérico, em particular, precisa prestar atenção a esse demônio, porque seus ensinamentos estão intimamente relacionados com o poder espiritual. Quando seus seguidores começam a desenvolver o poder espiritual, ele intervém e começa a iludi-los. Como o budismo esotérico dá grande ênfase ao poder espiritual, seus seguidores precisam certificar-se de que estão conectados com os espíritos certos; caso contrário, vários seres do mal do outro mundo virão se aproximar deles.

No budismo esotérico, há uma seita assustadora chamada escola Tachikawa-ryu, que cultua crânios pintados. Essa religião não tem origem japonesa – suas raízes estão no Tibete.

Em 1995, um novo grupo religioso japonês baseado no budismo tibetano esotérico provocou uma série de trágicos incidentes[5], que levaram várias pessoas à morte no Japão. Essa religião alegava ser autêntica e ter raízes no budismo esotérico tibetano. A verdade, porém, é que o demônio já havia entrado no próprio budismo tibetano esotérico, isto é, na sua própria fonte. Quando leio os escritos do líder do budismo tibetano esotérico chamado "mestre", posso ver com clareza que ele está completamente sob a influência do demônio.

Dos grupos religiosos que dão destaque ao poder espiritual, praticamente nenhum é capaz de dizer ao

---

[5] A Aum Shinrikyo, considerada uma organização terrorista por vários países, é um culto apocalíptico fundado por Shoko Asahara em 1984 no Japão. A seita ganhou notoriedade internacional quando realizou um ataque com gás sarin ao metrô de Tóquio, em 1995, matando 13 pessoas e ferindo gravemente outras 54. (N. do E.)

certo se está conectado a uma fonte boa ou má, portanto as pessoas nem sequer sabem se há demônios envolvidos. Como seus seguidores experimentam alguns fenômenos espirituais, essas religiões podem dar a impressão de que são grupos sérios. Isso é muito assustador.

Portanto, demônios associados ao cristianismo e ao budismo esotérico aparecem com frequência à minha frente. Também há demônios relacionados ao xintoísmo japonês, mas esses não costumam aparecer para mim. Talvez tenham dificuldade em compreender os ensinamentos da Happy Science ou pode ser que estejam ocupados demais tentando influenciar as muitas seitas existentes no xintoísmo.

Para citar um exemplo, há um poderoso demônio que exerce influência sobre uma seita xintoísta da Prefeitura de Chiba, em Tóquio. Essa seita é uma ramificação de um grupo religioso japonês chamado Seicho-No-Ie, que ensina o Pensamento Voltado Unicamente para a Luz. Dependendo de como é interpretado, esse pensamento pode acentuar imensamente os desejos das pessoas. Se for encarado no sentido de que a pessoa deve deixar seus desejos simplesmente se intensificarem, sem nenhuma prática de autorreflexão, e que somente esse aspecto deva ser enfatizado, esse pensamento irá produzir pessoas impenitentes, isto é, que não se dispõem a se arrepender de seus atos inadequados. Como resultado, os demônios terão facilidade em penetrar nesses grupos e ficar ativos dentro deles. Essa seita xintoísta prega o ensinamento de que todos os eventos negativos que ocorrem neste mundo são sinais da dissolução do mal; mas, se isso fosse verdade, as pessoas não teriam necessidade de fazer uma autorreflexão, de se arrepender ou corrigir seus erros. Em suma, há com certeza demônios envolvidos em grupos ligados ao xintoísmo japonês.

Também há demônios ativos em certos grupos budistas que se apoiam baseados apenas na força externa. Isso não significa que os fundadores dessas escolas de pensamento, como Honen ou Shinran, tenham sido manipulados por demônios. Eles fundaram suas seitas – que se apoiam na força externa – com base em suas experiências definidoras e reais; mas, com o passar do tempo, os demônios acharam um jeito de se insinuar nessas seitas.

Trilhar um caminho fácil e indulgente pode ser perigoso, sem dúvida. A partir do momento em que a pessoa segue uma linha de pensamento que lhe permite ser perdoada com rapidez e facilidade por qualquer coisa que faça, os demônios têm agilidade para entrar silenciosamente em sua mente. Esta é uma dura realidade.

Mantenha distância de uma organização que seja influenciada por maus espíritos

Há um número incontável de grupos religiosos no mundo; porém, muitos dos novos grupos seguem um caminho particularmente equivocado e acabam ganhando má reputação. Talvez não fossem grupos ruins quando foram criados, mas, quando vários espíritos começam a baixar livremente neles, os demônios não demoram a aparecer para substituí-los. Quando uma organização cresce e alcança certo porte e aumenta sua influência e seu poder, os demônios se introduzem nela e começam a iludir as pessoas.

Se o líder de uma organização tiver desejos muito intensos, não conseguirá impedir a interferência de demônios, nem mesmo percebê-la. Muitos seguidores desses grupos também possuem desejos muito intensos. Quando pessoas que procuram apenas uma realização mundana afluem em grande número para uma organização que enfatiza ensinar como concretizar desejos mundanos, essas pessoas se tornam incapazes de perceber as más influências que elas exercem umas sobre as outras. É desse modo que os demônios se insinuam em várias organizações religiosas ao redor do mundo.

A quantidade de tais seitas religiosas expandiu-se de maneira quase ilimitada. Embora o número total de demônios poderosos seja pequeno, seus seguidores e cúmplices trabalham sem parar para atrair maus espíritos e formar um grupo imenso. Assim, em princípio, é importante manter distância desses grupos religiosos. É melhor se concentrar em fortalecer a própria luz e em difundir os ensinamentos da Verdade pregada pela Happy Science, em vez de tentar corrigir os erros deles. Isso porque simplesmente são muitos, e, se você levar a sério a tarefa de tentar corrigir seus erros, poderá acabar caindo sob a influência de um demônio – como diz aquele ditado: "Se você sair atrás de lã, poderá voltar tosquiado". Isso às vezes acontece; portanto, trata-se de uma situação complexa.

A origem dos maus espíritos e dos demônios

Quando espíritos errantes insistem em fazer o mal, acabam se tornando maus espíritos

Muitos maus espíritos preservam em boa parte sua natureza humana. Os espíritos que não conseguem retornar ao céu após a morte são chamados de "espíritos errantes". Quando esses espíritos errantes permanecem na Terra por certo período de tempo e começam a perturbar pessoas vivas, podemos chamá-los de "maus espíritos". Fenômenos espirituais negativos que ocorrem dentro de uma família ou com pessoas que têm alguma conexão com um lugar ou região em particular costumam ser fruto da ação desses maus espíritos.

Existem casos de edifícios de escritórios que possuem determinadas janelas de onde muitas pessoas saltam para a morte. Nesses locais, há espíritos aprisionados à Terra; eles se instalam ali e tentam arrastar outras pessoas para a morte. Algumas áreas costeiras também ficaram conhecidas pelo número de suicídios que ocorrem ali, e em tais lugares podemos encontrar também espíritos aprisionados à Terra.

Quando os espíritos errantes insistem em cometer más ações, aos poucos acabam virando maus espíritos. Quanto mais curto for o período de tempo em que um espírito ficar vagando após a morte, maior a possibilidade de que seja convencido a voltar ao céu. Mas, à medida que esse período de perambulação se estende, fica mais difícil ele retornar para o céu. Se o espírito causou danos a pessoas por um longo período, dificilmente uma autorreflexão, mesmo que seja marcada por lágrimas, será suficiente para que ele alcance perdão por suas más atitudes.

Se eu fosse apontar um problema das religiões que se apoiam apenas na força externa, diria que elas ensinam uma salvação rápida e fácil, quando na realidade os pecados não são perdoados com essa facilidade. Os espíritos que cometeram más ações por centenas ou milhares de anos acumulam uma grande quantidade de pecado. Portanto, mesmo que experimentem uma mudança em seu coração após serem repreendidos, ainda resta a questão de como limpar todos os pecados que já acumularam.

Esses espíritos não apenas criaram trevas na própria mente, mas também receberam pensamentos negativos de ressentimento de vários indivíduos. Ao se tornarem maus espíritos, arrastaram outras pessoas para o inferno, uma após a outra, causaram perturbações espirituais e aumentaram o número de seus cúmplices. Como essas vítimas nutrem sentimentos de ressentimento em relação a eles, a simples prática da autorreflexão não é suficiente para que obtenham o perdão. Até certo ponto, precisam expiar proporcionalmente os pecados que cometeram para poder limpá-los.

Por isso, é impossível persuadir demônios a voltarem para o céu. Eles passaram tempo demais no inferno. Há demônios que estão no inferno há mil, dois mil ou três mil anos; portanto, para eles é quase impossível o retorno para o céu.

Na realidade, não é que não possam voltar; é que já desistiram disso. Eles formaram sua base no inferno e querem tornar sua vida mais fácil ali. Falando de maneira figurada, são como as gangues deste mundo entram em conflito com as autoridades policiais. Elas já criaram a própria base e continuam cometendo atos ilícitos, associadas a outras pessoas que compartilham a mesma visão.

Alguns seres acumularam tanto mal que, se saíssem do grupo e desistissem de cometer maus atos, se sentiriam como se tivessem perdido a identidade. Quando esse tipo de espírito toma posse de alguém, é impossível persuadi-lo a voltar para o céu; por isso, convém não se envolver em conversas com ele. O melhor é simplesmente expulsá-lo. Caso contrário, seus esforços não terão mais fim, já que um espírito assim não pode ser salvo por persuasão. Ele cometeu atos malignos demais.

Pessoas em posição de liderança podem facilmente se tornar demônios

Mas que tipo de pessoa se transforma em demônio? Um indivíduo comum pode se tornar um mau espírito se tiver alimentado muitos maus pensamentos ou se tiver cometido más ações. Essas más ações não precisam ter sido necessariamente crimes; uma pessoa torna-se um mau espírito também se vive com muitos pensamentos maus ou negativos.

Os maus espíritos possuem um coração malvado, pois passaram a vida tramando, discutindo a toda hora, enganando ou magoando os outros, sempre sentindo raiva e não tendo escrúpulos para cometer maldades, vivendo a maior parte do tempo com energias de pensamentos ou emoções destrutivos; como causaram muitos problemas e sofrimentos às pessoas ao seu redor, acabam vendo-se incapazes de voltar ao céu após a morte. Contorcem-se em agonia e vão carregando muita agressividade até o lugar chamado inferno. Essa é a verdadeira natureza dos maus espíritos.

Os demônios, no entanto, têm maior influência e liderança, e recorrem à manipulação. Muitas pessoas em posições de liderança acabam se tornando demônios. Líderes políticos corrompidos ou ditadores, por exemplo, podem facilmente se tornar demônios. Pol Pot, o ditador do Camboja que liderou o massacre de 2 milhões de pessoas, sem dúvida se tornou um demônio, do mesmo modo que Hitler e Stálin. Aqueles que se destacaram principalmente por realizar grandes massacres ao ocuparem cargos de liderança política tornam-se demônios após a morte.

Claro, em tempos de guerra há líderes heroicos que às vezes também levaram pessoas à morte, mas suas ações se apoiaram num sentido de justiça ou na defesa de uma grande causa inspirada por Deus ou por Buda. E isso depende também da extensão em que essa matança ocorreu.

Muitas vezes, quando encarnados os anjos de luz tentam evitar a morte de pessoas, mesmo estando numa posição que lhes permitiria fazer isso. Temos o exemplo de Kaishu Katsu (1823-1899), um destacado samurai do período da Restauração Meiji que foi um hábil espadachim, mas nunca matou ninguém. Kogoro Katsura (1833-1877), mais tarde conhecido como Takayoshi Kido, também era um mestre da espada, e tampouco matou um homem sequer. Sempre que havia o risco de um confronto, ele arrumava um jeito de evitá-lo. Naquela época, era muito raro que um samurai não tivesse matado alguém. Os anjos de luz, pela própria natureza, não gostam de matar; portanto, costumam evitar fazê-lo.

Feita essa ressalva, às vezes não há como evitar o confronto – é o caso, por exemplo, de líderes políticos ou militares que não têm outra escolha a não ser tirar a vida de pessoas para alcançar um ideal que seja de fato mais elevado. Há épocas em que é necessário realizar certas ações para derrubar um regime nefasto ou promover a transformação de uma velha era. Nessas circunstâncias, tais ações são sancionadas. Mas há outras situações em que os líderes correm o risco de virar demônios, por terem exterminado grande número de pessoas apenas em razão de seu gosto arraigado por atos de crueldade ou brutalidade, ou por terem como objetivo exercitar seu poder e governar os outros infundindo-lhes medo.

Além dos líderes políticos e militares, alguns líderes ideológicos, que iludiram muitas pessoas ou fizeram nelas uma lavagem cerebral incutindo-lhes ideias distorcidas, tornam-se também demônios. Em resumo, aqueles que têm grande influência sobre muita gente e acabam produzindo muito mal têm grande probabilidade de se tornarem demônios.

Também há diferentes níveis de poder entre os demônios. Na nossa sociedade moderna, alguns jornalistas e profissionais que atuam na mídia exercem grande influência no mundo. Aqueles que só se preocupam em satisfazer os próprios desejos, em vez de procurar servir a sociedade ou promover a justiça, irão se tornar demônios, ou demônios de baixo nível, com cinco ou seis asseclas. São muitos os que acabam nessa condição.

Há outras atividades que também caem nessa condição, como filósofos e escritores que expressaram suas ideias em seu trabalho. Um romancista pode se tornar um demônio por ter escrito muitos romances com visões distorcidas, que desencaminharam ou iludiram milhares de pessoas. No nosso mundo, a literatura com tons infernais é muito popular, e mesmo escritores famosos podem se tornar demônios após a morte. Aqueles que tiveram grande influência em corromper as pessoas e arruinar a vida delas estão de fato muito aptos a virar demônios. O mesmo vale para autoridades do governo que agiram apenas para satisfazer seu desejo de poder e que não alimentaram a misericórdia no próprio coração.

Os líderes religiosos também têm muita influência sobre um grande número de indivíduos; por isso, os líderes de grupos religiosos distorcidos certamente irão se tornar demônios e não terão praticamente nenhuma esperança de voltar ao céu. Não só deram ensinamentos errados, como desencaminharam a vida de muita gente. E o que é pior: além de enganar essas pessoas na Terra, enviaram-nas para o inferno, formando uma base de seguidores no outro mundo. Tais líderes também se tornam demônios, ou corporificações do mal.

Iludir a mente das pessoas é um pecado muito grave. Existem tantos demônios desse tipo que quase não há o que possa ser feito em relação a isso. No entanto, não adianta se queixar. Eu imagino o mundo como um globo com luzes cintilando em sequência em diferentes lugares, como se fossem luzes de uma cidade sendo acesas aos poucos à noite. O mundo ainda não se tornou um lugar totalmente iluminado porque ainda há uma escuridão muito densa em volta dele, mas venho tentando aos poucos iluminar o planeta. Como não podemos forçar as coisas e mudar o coração das pessoas, o melhor é concentrar nossas energias naquilo que somos capazes de fazer.

Os desejos abrem brechas para nos tornarmos demônios

Os humanos na realidade são muito fracos; a principal razão pela qual as pessoas se tornam demônios são os desejos que alimentam. Pode-se dizer que os desejos são o lar dos demônios. No entanto, como vivemos num corpo físico, não temos como eliminar completamente esses desejos. Eles são parte do nosso poder vital; portanto, não é possível eliminá-los de vez. Com isso, os demônios nunca deixarão de existir. Sempre haverá fontes de suprimento e sempre nascerão novos demônios. Os desejos humanos são seu grande apoio, o alicerce de sua vida.

Claro, até certo ponto os desejos são justificados. Todo mundo procura ter liberdade e todos querem alcançar suas metas. As pessoas querem se tornar importantes, controlar os outros e criticar os erros dos demais, e ao mesmo tempo fecham os olhos para as próprias deficiências. Isso faz parte da natureza humana. Em certo sentido, são sinais da fragilidade e da covardia humanas, daquela porção menos respeitável do nosso ser. Podemos chamar isso de mediocridade. E como este é o fundamento dos demônios, eles nunca deixarão de existir.

Não há como eliminar de vez os desejos. É por isso que eu ensino como controlá-los, da mesma maneira que é possível controlar, por exemplo, o fluxo do trânsito. Nos cruzamentos, o trânsito é regulado por semáforos ou por um policial de trânsito fazendo sinais com as mãos, mas não é possível eliminar o próprio desejo das pessoas, o seu desejo de dirigir automóveis. Os carros foram feitos para serem dirigidos e não se pode simplesmente fazer com que as pessoas parem de querer dirigir. E são tantas as pessoas que têm vontade de dirigir que as ruas ficam congestionadas.

Queremos dirigir, e os outros também; mas, se todos dirigirem livremente, do jeito que cada um achar melhor, sem pensar nos demais, vão ocorrer acidentes. Na realidade, os acidentes são a pior parte. Como há muita gente neste mundo à mercê dos próprios desejos, as pessoas colidem umas nas outras e fazem o mal surgir.

O que é necessário, então, para eliminar esse mal? Se todos resolvessem desistir de ter carro ou de dirigir, certamente não haveria colisões. Mas isso também resultaria em obstáculo à liberdade das pessoas e à sua autorrealização. Por isso os carros não são abolidos.

No Japão, alguns fabricantes de automóveis têm lucros de mais de 1 trilhão de ienes (cerca de 10 bilhões de dólares), apesar de sete mil pessoas morrerem todos os anos em acidentes de carro (dados à época desta palestra). Isso é inacreditável, mas mostra que os desejos humanos são mais fortes, ou então que as pessoas dão mais valor a dirigir do que às consequências disso. Significa que se sentem gratificadas por serem capazes de dirigir, mesmo que os acidentes de trânsito causem sete mil mortes por ano. É compreensível, já que seria muito pouco prático e bem mais oneroso em termos de tempo ter de andar, por exemplo, de Tóquio a Osaka[6], como nos tempos antigos.

Tenho planos de escrever uma biografia do Buda Shakyamuni, mas não seria fácil, porque ele passou a maior parte do tempo caminhando. Ao longo de praticamente o ano inteiro, viajava pelas esburacadas estradas da Índia e, portanto, eu não teria muito sobre o que escrever. A distância entre os mosteiros Jetavana e Venuvana é mais ou menos a mesma que separa Tóquio de Osaka. Mas todo ano o Buda Shakyamuni cobria essa distância a pé, ida e volta. Seguindo seu exemplo, muitos budistas agora se dedicam à prática de caminhar pelas montanhas. Porém, na época do Buda Shakyamuni, como não existiam os modernos meios de transporte, ele não tinha outra opção a não ser percorrer essa distância a pé.

O Buda Shakyamuni passava centenas de dias por ano caminhando, e a única época em que não fazia isso era na estação das chuvas, quando ficava cerca de três meses em algum lugar praticando meditação. Assim, passou quase a vida inteira caminhando ou meditando, e portanto sua vida não teve muitos eventos dramáticos.

Voltando ao assunto, na sociedade atual o próprio ato de anular o desejo de dirigir um carro poderia ser

---

6 A distância entre Tóquio e Osaka é de cerca de 500 quilômetros. (N. do E.)

considerado um mal. Se alguém chegasse e dissesse às pessoas que elas teriam de voltar a andar a cavalo, de liteira ou se deslocar a pé por longas distâncias em vez de andar de carro, isso seria considerado uma atitude má. Portanto, os carros não vão deixar de existir. Mas isso também significa que os acidentes vão continuar ocorrendo, produzindo novas maldades. É essa a nossa situação atual.

Entre os desejos humanos está o de ser feliz. Não há como negar esse desejo; por isso, é importante que o trânsito seja bem regulamentado e que todo mundo siga as regras dirigindo o curso da própria vida sem causar acidentes. Embora não haja nenhum problema em cada um buscar sua felicidade, esse esforço não deve causar infelicidade aos outros.

Então, de que maneira podemos conseguir isso?

Esse é o papel da religião. O trabalho dela é auxiliar os indivíduos a viverem felizes e evitar que fiquem abatidos pelo sofrimento e cometam erros. A religião também ajuda a impedir que, após a morte, os seres humanos vão para o inferno e se tornem demônios, passando a iludir as pessoas aqui na Terra. É por isso que as religiões são tão ativas em muitos lugares ao redor do mundo.

No entanto, nem todos os grupos religiosos são justos e corretos; muitos deles são distorcidos. Quando uma religião tem má reputação na sociedade, com frequência o número de seus membros desencaminhados supera o de seus membros corretos. Embora haja uma grande necessidade de trabalho religioso no mundo, muita gente tem dificuldade para avaliar se uma religião produz de fato bons resultados. Como as pessoas não possuem a visão do outro mundo a partir deste, não podem avaliar em muitos casos se o trabalho religioso realmente trouxe bons resultados. Esse é um tópico extremamente difícil.

Os maus espíritos e os demônios existem como extensão da natureza humana. É bom que as pessoas amem a si mesmas, mas aquelas que o fazem de maneira distorcida acabam virando maus espíritos e demônios. Elas acabam tornando as outras pessoas vítimas em razão do amor equivocado que nutrem por si mesmas. Acreditam que sua felicidade só pode ser alcançada à custa da felicidade dos outros, e que não podem ser felizes se não criarem problemas às pessoas, causando-lhes mágoas ou preocupações, ou chegando a matar ou ferir ou fazendo os outros incorrerem em erro. Sua visão da vida faz com que ajam desse modo; lutam de maneira egoísta para alcançar a própria felicidade e acabam se tornando maus espíritos ou demônios. É assim que nascem os maus espíritos e os demônios.

Os sistemas de valores religiosos são o oposto exato dos valores apregoados pelos demônios

A religião ensina basicamente a dar amor e a se desapegar do ego

A religião esforça-se para ensinar sistemas de valores que são o oposto exato dos valores que regem os demônios. A religião ensina que: *O amor não deve se restringir ao amor por si mesmo. É importante dar amor. O ato de dar amor aos outros é essencial. A maioria das pessoas considera que o amor consiste em cobrar, receber, e só pensa em conseguir o amor dos outros, em ser amado, e quase nunca se dispõe a dar amor aos demais.*

Todo mundo quer ser amado. Tanto os anjos quanto os demônios abrigam esse sentimento. No entanto, os anjos têm uma forte tendência ao autossacrifício. Foram pessoas que lutaram pelos outros, que deram a vida de bom grado pelos outros. Ou seja, os anjos possuem uma atitude desapegada diante da vida. Os demônios, ao contrário, não têm essa atitude desprendida. O desejo deles é tirar tudo dos outros, e não sentem nenhum remorso em fazê-lo. Por exemplo, não acham errado cobrar amor dos outros, privar as outras pessoas das coisas que elas amam e fazê-las sofrer, escravizá-las, obrigá-las a trabalhar e matá-las se desobedecerem; até consideram essas ações justificadas.

Existe uma diferença sutil entre dar amor e cobrar amor, e é a religião que ensina essa diferença. Sem dúvida é importante você se valorizar e procurar ser feliz, mas a maioria das pessoas não pensa em nada além disso. Esses sentimentos, se deixados por sua conta, só se exacerbam. É por isso que eu transmito o ensinamento de dar amor e o ensinamento budista de se desapegar do ego, pois ajudam as pessoas a mudar completamente os sentimentos em seu coração.

A sociedade ocidental considera importante que os humanos afirmem o próprio ego, e a maioria acha que não vale a pena viver sem uma forte sensação de ego. Portanto, as pessoas passam a valorizar a vida com base em seu ego. Por outro lado, o budismo ensina a desapegar-se do ego. Do ponto de vista ocidental, não ter ego significa praticamente perder a dignidade como ser humano. O pensamento ocidental sustenta que a defesa dos direitos humanos e do direito de buscar a felicidade surgem quando se tem o próprio ego em alta consideração. A democracia também é encarada como algo que permite às pessoas buscarem a própria felicidade. A princípio essa ideia está correta; então, por que, apesar de tudo, o Buda Shakyamuni ensinou com tanta ênfase as pessoas a se desapegarem do ego?

É difícil desapegar-se do ego. É raro ver alguém se esforçando para se desapegar do próprio ego quando a maioria das pessoas pensa de maneira autocentrada; pelos padrões do mundo atual, um indivíduo que busque o desapego do ego pode até ser tachado de louco. Até os animais e as plantas se preocupam com a autopreservação em primeiro lugar. No entanto, nesse ambiente marcado pela autopreservação, há aqueles que não estão preocupados consigo. Basta pensar, por exemplo, em Gandhi, na Índia. E é interessante notar que essas pessoas que colocaram o ego em segundo plano conseguiram realizar grandes obras. Na realidade, a própria existência de tais pessoas, que recorreram à autodisciplina para conseguirem se desapegar do ego, ajuda a salvar muitas outras que vivem presas ao ego e criando sofrimentos.

Todo mundo quer ser feliz e faz força para enaltecer seu ego. Mas, à medida que os egos das pessoas entram em choque, elas passam a se odiar e chegam a promover guerras e se matar. Brigam umas com as outras e sofrem por terem o ego inflado e com o desejo de obter mais poder e direitos. Se, numa época como essa, surge uma pessoa desapegada do próprio ego, os demais, que se esforçaram muito para deixar seus respectivos egos mais afiados, começam a recolhê-los um pouco.

Os chifres na cabeça do demônio são, na realidade, os chifres do ego. Eles crescem quando a pessoa se preocupa apenas consigo e se torna orgulhosa. Pessoas assim ferem as outras com seus chifres e as fazem sofrer. Esse chifre do ego é o de um coração que só pensa em satisfazer os próprios desejos egoístas, como os desejos de fama e status. Se os humanos forem deixados à vontade, irão se tornar todos assim; por isso, a religião ensina as pessoas a se esforçarem para alcançar um estado mental desapegado do ego, que lhes permita dar amor aos outros.

Os humanos cobram o amor dos outros instintivamente. Enquanto estivermos vivendo neste mundo, não seremos capazes de pôr fim totalmente a essa tendência. É impossível viver sem o amor das outras pessoas. Mesmo Madre Teresa de Calcutá precisou receber amor dos outros; ela não conseguiria exercer suas atividades sem o amor de outras pessoas. Só foi capaz de realizar sua obra porque recebia doações e ajuda de autoridades do governo e de muita gente. Portanto, mesmo que você tenha uma mente desapegada do ego e dê amor aos outros, a verdade é que não conseguiria viver sem o amor dos demais. Então, é essencial que os seus principais pensamentos se concentrem em dar amor, e não em obtê-lo.

O espírito da crucificação é igual à filosofia do desapego do ego

No cristianismo, se encararmos Jesus como alguém que simplesmente falhou em sua obra missionária e acabou sendo crucificado, só conseguiremos enxergar o lado trágico de sua vida; no entanto, os cristãos não fazem essa interpretação. Em certo sentido, a filosofia cristã da crucificação se assemelha à filosofia do desapego do ego do Buda Shakyamuni.

O filho de Deus veio à Terra para salvar as pessoas, expressar com sinceridade o que sentia em seu coração e falar apaixonadamente sobre a Vontade de Deus, sem concessões. Como resultado, foi morto na cruz. Assim foi a vida de Jesus. Ao longo dela, Jesus quis ensinar que havia uma verdade que precisava ser defendida mesmo à custa da própria existência física. Se tivesse mentido e feito concessões, poderia ter evitado a morte. Mas, se tivesse demonstrado apego à sua vida física, isso significaria que era igual a qualquer outra pessoa deste mundo.

Jesus entrou em Jerusalém montado numa mula, sabendo que acabaria sendo crucificado. Já que ele conhecia seu destino, antes de mais nada não deveria ter entrado na cidade, mas ele abriu mão de sua vida de propósito, a fim de cumprir o que havia sido profetizado a seu respeito.

Alguns podem dizer que Jesus ainda tinha certo apego à sua existência terrena quando estava orando no Jardim do Getsêmani, transpirando gotas de sangue. Está escrito na Bíblia que ele rezou: "Pai, se possível, afasta de mim este cálice", enquanto gotas de sangue eram derramadas no chão. Mas finalmente decidiu aceitar a morte dizendo: "Meu Pai, se não for possível afastar de mim este cálice sem que eu o beba, faça-se a tua vontade".

Sócrates teve a mesma determinação quando decidiu morrer tomando um cálice de veneno. Ao ser detido e encarcerado, os que estavam mais próximos dele tentaram convencê-lo a escapar de sua sentença de morte. Até o guarda da prisão ofereceu facilitar-lhe a fuga, mas as convicções de Sócrates eram firmes e ele escolheu morrer defendendo suas crenças. Para ele, fugir seria admitir que sua filosofia era uma mentira. Portanto, Sócrates morreu defendendo a própria filosofia. Seu ponto de vista foi similar ao de Jesus, e os dois são agora considerados santos.

Alguns evangelhos da Bíblia declaram que Jesus exclamou na cruz: "Meu Deus, meu Deus, por que me abandonaste?". Mas isso não faz sentido;

significaria que Jesus não era iluminado, o que não é verdade.

Seria quase como dizer que o Buda Shakyamuni pregava o materialismo. Shakyamuni ensinava a impermanência de todas as coisas, afirmando que o corpo físico é transitório, que se desgasta e desaparece, como as enchentes que levam embora uma casa de barro. Alguns estudiosos fizeram uma interpretação errônea desse ensinamento e concluíram que o Buda era materialista e que não acreditava na existência da alma. Interpretações como essas do desapego do ego e da negação da alma são equivocadas, e podemos encontrar um erro similar também no cristianismo.

É incorreto interpretar que Jesus teria exclamado: "Meu Deus, meu Deus, por que me abandonaste?". Isso definitivamente não é verdade. Se fosse, os ensinamentos de Jesus seriam todos mentirosos. Enquanto esteve vivo, Jesus comunicou-se com espíritos do mundo celestial, como faço eu agora, portanto não poderia ter dito isso. Jesus estava na realidade chamando os anjos Elias e Rafael quando disse: "Chegou a minha hora de abandonar este mundo. Venham e levem-me embora".

Alguns ignorantes interpretaram mal essas palavras de Jesus, como se ele estivesse pedindo ajuda, e então colocaram essa falsa interpretação na Bíblia. Uma pena que tenham feito uma interpretação tão descabida. E tal descrição agora não pode mais ser retirada da Bíblia. É impossível modificar uma passagem que persistiu por quase 2 mil anos. Se alguém tentasse tirá-la da Bíblia, seria considerado um demônio.

Tal interpretação, no entanto, é fruto da imaginação de quem não possuía sensibilidade espiritual, não era capaz de dialogar com espíritos do outro mundo. Jesus não era de modo algum uma pessoa com esse tipo de fraqueza. Shusaku Endo[7], por exemplo, foi um escritor do Japão moderno que escreveu sobre a vida de Jesus. Mas sua descrição de Jesus mostra-se tão inadequada que não é possível suportar a leitura de seus escritos. Os escritores tendem a fazer uma descrição de seus personagens retratando-os como similares a si mesmos, e Endo descreveu Jesus projetando nele o que ele próprio faria se estivesse no lugar dele. Por isso, seu retrato resultou num homem fraco, o que é lamentável.

Líderes espirituais como Jesus sempre têm suas orações atendidas. Pessoas comuns podem não ter suas preces ouvidas, mas as de Jesus foram atendidas; ele de fato se comunicava com os espíritos. Quando orou no Jardim do Getsêmani, um ser espiritual se

---

7 Shusaku Endo (1923-1996) foi um escritor japonês que escreveu com a singular perspectiva de ser japonês e católico (a população cristã no Japão é inferior a 1%). Sua obra é comparada à do famoso escritor britânico Graham Greene, que avaliou Endo como um dos maiores escritores do século XX. (N. do E.)

manifestou e disse a Jesus que ele iria morrer. Por isso, Jesus estava preparado para enfrentar a morte.

Esse espírito da crucificação equivale à filosofia de desapego do ego do Buda Shakyamuni. Jesus queria ensinar que, embora os humanos sejam apegados ao corpo físico, eles têm uma vida eterna que se estende além da vida física. Também quis ensinar que: *As leis de Deus não são as da Torá, nem as leis romanas, nem os princípios que governam a política deste mundo. Mesmo que a obediência seja imposta pelo poder militar, ou que se empreguem armas para alcançar ambições, as leis de Deus são imutáveis. Mesmo que o templo do corpo pereça, não é possível nunca destruir a vida eterna nem destruir as palavras de Deus.* Jesus aceitou ser crucificado para provar essa verdade.

Além disso, Jesus até ressuscitou após sua crucificação. Ele reapareceu ressuscitado diante de várias pessoas, a fim de que sua morte não fosse mal interpretada como uma mera destruição de seu corpo físico e como o fracasso de sua obra neste mundo. Segundo a Bíblia, cerca de 500 pessoas testemunharam sua ressurreição. Um número grande o suficiente para que a única possibilidade seja aceitar a ressurreição como um evento real. Sem a ressurreição, o cristianismo muito provavelmente não teria se estabelecido. Isso mostra o quanto é difícil para uma verdadeira filosofia ser aceita neste mundo.

Os ensinamentos sobre a impermanência e o desapego do ego constituem a antítese dos demônios

Quando examinamos de que maneira Jesus morreu, fica óbvio que seu modo de pensar era o extremo oposto do sistema de valores dos demônios. Os demônios afirmam que este mundo irá se perpetuar eternamente, como podemos ver quando Belzebu procura seduzir Jesus. Eles atraem as pessoas procurando enganá-las e levá-las a achar que o poder, a glória e a prosperidade neste mundo vão durar para sempre.

Os ensinamentos de Buda sobre a impermanência de todas as coisas e sobre a ausência de ego de todos os fenômenos podem parecer deprimentes, mas estas ideias são muito importantes para se proteger contra os demônios. *Todas as coisas são impermanentes; nada neste mundo dura para sempre ou pode ser preservado eternamente. Tudo está fadado a perecer. Este corpo, ou mesmo um rei, um imperador, um ministro de Estado ou a glória de uma família como a do clã Fujiwara[8] ou do clã Taira – tudo irá desaparecer. Não há nada*

---

[8] Durante o Período Heian (794-1185), a política do Japão foi dominada por quatro clãs principais: os Fujiwara, os Taira, os Tachibana e os Minamoto. Esse período, considerado o auge da Corte Imperial japonesa, constitui a última divisão da história clássica do país; nele, o budismo e outras influências chinesas atingiram seu ápice. (N. do E.)

permanente neste mundo. O que é permanente, o que é eterno, só pode ser encontrado no outro mundo. Essa filosofia é a própria antítese dos princípios que norteiam os demônios.

Aqueles que têm se dedicado aos ensinamentos de Deus ou Buda, seguindo-os de maneira sincera até o fim da vida, irão se juntar ao brilho celestial e ganhar a vida eterna. Entretanto, aqueles que criaram compromissos com este mundo e viveram em função de luxo, glória, poder e dinheiro irão perecer, apesar de todos os seus esforços para conseguirem a vida eterna. Serão ceifados como o trigo na época da colheita. Assim será.

Esse contraste entre os dois sistemas de valores mostra a diferença entre as pessoas que têm uma visão espiritual do mundo e sentem próxima a presença de Deus ou Buda e aquelas que não têm essa visão. Para aqueles que se apoiam nos próprios pensamentos a respeito deste mundo, as histórias sobre o mundo espiritual e sobre Buda ou Deus podem soar como mera filosofia ou literatura abstrata, não importa quantas vezes as ouçam. Alguns mostram-se céticos e acham que estão sendo enganados. Se a escala de valores deles fosse reposicionada em 180 graus, veriam tudo claro, mas mesmo os líderes religiosos modernos e os cristãos não conseguem entender isso.

Lutar contra os demônios usando a razão e a sabedoria

O alvo dos demônios são os desejos das pessoas

Os demônios sempre tentam as pessoas por meio dos desejos delas. Em geral, as que seguem uma disciplina religiosa não são más pessoas; não levam a vida fazendo o mal e normalmente não são possuídas ou controladas por demônios. No entanto, quando recebem treinamento espiritual perto de figuras importantes para a difusão da Verdade – como seria o caso das pessoas que trabalharam perto de Jesus ou Buda –, mesmo uma leve hesitação de sua mente vira alvo dos demônios. Eles não costumam visar indivíduos comuns; preferem atacar os que estão em posições centrais no trabalho missionário, sempre que estes têm a mais leve vacilação ou algum desejo em seu coração.

Um dos alvos mais frequentes dos demônios é o desejo sexual. As pessoas não conseguem ficar totalmente livres desse desejo enquanto estão vivendo na forma humana. Já foi dito que o desejo sexual é a porta de entrada e também a porta de saída da disciplina espiritual, e é aí que os demônios colocam sua mira. Muitos praticantes religiosos são imperturbáveis; por isso, os demônios sentem maior satisfação ainda em tentar esses indivíduos, incitando seus desejos.

As pessoas comuns não são tão estoicas; por isso, os demônios não veem tanta graça em tentá-las. Mesmo que o façam, isso não tem muito efeito; só acelera um pouco o desejo que elas normalmente têm e cria um pouco mais de confusão. Portanto, eles preferem provocar aquelas que praticam a abstinência sexual e subverter a vida delas. O desejo sexual é sempre escolhido como alvo.

Outro alvo comum é o desejo por comida. No entanto, em países onde a comida é abundante, os demônios não conseguem tentar as pessoas do mesmo modo que um demônio tentou Jesus com pão enquanto ele jejuava. O Buda Shakyamuni também foi alvo de ataque de demônios enquanto jejuava, pouco antes de alcançar a iluminação; foi tentado com comida quando sentia fome. Na sociedade moderna, porém, a tentação com comida é menos comum.

Outro alvo é o desejo de poder e fama. Assim como o desejo sexual, esse desejo também constitui uma área da qual os praticantes de religião não conseguem escapar. Alguns praticantes têm um intenso desejo de fama, e seu desejo de poder também cresce à medida que suas organizações se tornam maiores. Essa é uma batalha particularmente difícil; por isso, é importante saber lidar com o desejo de fama e poder. "Será que consigo me lembrar sempre do propósito original que me moveu a iniciar minha disciplina espiritual? Será que consigo voltar ao ponto de partida, à minha intenção original? Consigo enxergar a mim mesmo como um praticante comum da Verdade? Consigo ainda permanecer humilde?" Essas são perguntas que você deve se fazer sempre.

As pessoas precisam de obediência e humildade para evitar que os demônios se insinuem no seu desejo de fama e poder e causem agitação em sua mente. "Obediência" aqui significa obediência a Deus ou Buda, àquilo que é verdadeiro, e aos ensinamentos. A obediência e a humildade vão protegê-lo dos demônios. Se seu desejo de fama ficar muito forte, será mais difícil você se proteger.

Além disso, as pessoas inteligentes tendem a ter muitas dúvidas. Com isso, acabam se prendendo a questões menores e provocam atritos. Portanto, é muito comum que praticantes religiosos virem alvos por meio do desejo sexual ou do desejo de obter fama e poder.

A dificuldade para resolver problemas cria muitas preocupações, e os demônios se aproveitam disso para se insinuar

Vivendo aqui na Terra como humanos, não conseguimos evitar completamente as preocupações e os problemas ligados ao trabalho, à família e a outros relacionamentos. Desde tempos antigos, muitos praticantes de religião têm decidido permanecer solteiros, pois isso alivia o fardo de responsabilidades. As exigências da vida de uma pessoa solteira são menores, e é mais fácil sustentar apenas a si mesmo; há menos preocupações com a família e menos fardos a carregar. A pessoa precisa se preocupar apenas com o próprio sustento; portanto, tem um modo de vida mais simples. É por isso que os praticantes religiosos costumam ficar solteiros.

Acredito que é positivo que exista no mundo uma certa proporção de praticantes religiosos solteiros. Desse modo, é mais fácil alcançar equilíbrio. O melhor perfil de um praticante religioso é o de alguém solteiro e dedicado apenas à disciplina espiritual. Submeter-se a um treinamento religioso e ao mesmo tempo ter de sustentar a própria família implica um fardo bem mais pesado. Em termos de capacidade, é preciso mais que o dobro da capacidade de um assalariado comum para que isso seja possível.

Pessoas com um coração puro, mas que não conseguem ser bem-sucedidas na vida, geralmente têm uma baixa capacidade de resolver problemas. Essa capacidade está associada a competências de trabalho mundanas e a alguma sabedoria nessa área. Se a pessoa não consegue ter essa competência, não será capaz de resolver problemas e acabará sobrepujada por eles. Quando isso ocorre, não importa o quanto a mente da pessoa seja pura, ela pode ficar vagando confusa e sofrendo com noites mal dormidas.

Ao longo dos últimos vinte anos, tenho visto muita gente que, apesar de viver com um coração puro, acaba se tornando vítima de demônios. A razão para o seu declínio, na maioria das vezes, é a falta de capacidade para o trabalho. Quando uma pessoa é subjugada por problemas que ela simplesmente não é capaz de resolver, acaba abrindo uma brecha em seu coração hesitante para a entrada de um demônio, e não consegue expulsá-lo. Mesmo que não seja necessariamente uma pessoa má, acaba virando uma vítima, a não ser que a raiz do problema seja resolvida. Por exemplo, quando você não consegue superar um problema sério no trabalho ou, por mais que tente, não é capaz de achar uma solução para uma dificuldade na sua família, não encontra um jeito de se livrar dessa preocupação e fica obcecado pelo problema. Se em uma situação como essa você se tornar alvo de algum demônio, dificilmente encontrará uma saída.

É muito natural que as pessoas se preocupem com o trabalho ou com a família. Mas, se não tiverem uma boa capacidade de superar dificuldades, se não souberem pôr um fim às preocupações e se protegerem de maneira racional, os demônios irão mantê-las iludidas por meio dessas preocupações e amplificarão muito os problemas – às vezes insignificantes – enfrentados no trabalho ou na família. Isso cria grande confusão e, consequentemente, a pessoa acaba virando serva ou escrava de um demônio sem se dar conta disso. Portanto, você precisa pensar em maneiras de superar esse tipo de obstáculo.

Dentre as habilidades deste mundo, existem aquelas que a pessoa traz de nascença e outras que ela desenvolve e adquire à medida que vai crescendo. Tais habilidades variam conforme o indivíduo. As pessoas diferem muito quanto ao grau de inteligência, vocação e personalidade; algumas são metódicas, outras são negligentes; algumas têm grande persistência e conseguem se envolver em trabalhos de longo prazo, enquanto outras são impacientes e só cumprem bem tarefas de curto prazo.

O que é preciso fazer quando você não possui aptidão para o trabalho que tem em mãos ou não dispõe das habilidades necessárias para realizá-lo?

Se você é incapaz de superar seu problema e de avançar em meio às suas dificuldades, a única maneira de resolver isso é recuar e se retirar. É importante planejar uma retirada estratégica. Se você não recuar, permitirá a entrada de demônios na sua mente, que criarão uma grande confusão. Se isso ocorrer, você não terá como deter o processo.

Se descobrir que o seu desejo é exagerado e o seu trabalho está além da sua capacidade, peça que alguém mais capacitado assuma a tarefa. Ou, então, se o trabalho for difícil demais para qualquer pessoa executar, reavalie as metas e torne-as mais realistas, ou peça conselho a alguém especializado. Você pode, por exemplo, pensar em estender os prazos, definir um calendário mais folgado, estabelecer uma meta menos ambiciosa ou dividir o trabalho em várias etapas para poder lidar com uma por vez. Desse modo, estará dando um passo atrás e dividindo o problema em partes menores, fazendo com que se encaixe melhor no âmbito de suas competências.

Mesmo quando você está diante de um banquete, há um limite para a quantidade de comida que é capaz de pôr na boca. Por mais que tente, não conseguirá comer uma vaca inteira ou um frango numa só mordida. Só poderá comer um bocado por vez. Do mesmo modo, há um limite para a quantidade de trabalho que uma pessoa é capaz de assumir. Você pode ter boas soluções e muito ânimo para perseguir ideais elevados, mas, se estiverem além de suas capacidades, enfrentará problemas. É nessa hora que os demônios atacam. Por isso, use sua sabedoria e pense em maneiras de realizar seu trabalho de modo sereno e objetivo.

Pessoas em posições de destaque dentro da religião podem se tornar alvo do ataque de demônios

Para lutar contra os demônios é preciso ter um bom poder de argumentação. Sabedoria também é necessária. Os demônios não têm familiaridade com os assuntos acadêmicos atuais, mas são muito inteligentes, pois já foram líderes quando vivos. Os demônios que também já foram líderes religiosos são capazes de falar sobre filosofias da religião; portanto, as pessoas podem ser enganadas por suas palavras. As palavras dos demônios em geral consistem na Verdade, só que com alguns ensinamentos distorcidos misturados a ela, e isso permite iludir as pessoas com maior facilidade. Os demônios que já foram monges budistas são bem versados nos ensinamentos de Buda, enquanto padres cristãos que já caíram no inferno conhecem bem o cristianismo. São demônios com farto conhecimento dessas doutrinas; desse modo, as pessoas podem ser facilmente enganadas por eles.

O conhecimento por si só não é suficiente para evitar ser enganado por tais demônios; você precisa também de um intelecto agudo e deixá-lo sempre bem afiado. Se você tem um coração presunçoso, não será capaz de perceber a lógica ardilosa dos demônios e não conseguirá derrotá-los. Demônios fazem comentários muito inteligentes e até fingem ser anjos, por isso você precisa saber detectar falhas muito sutis em sua argumentação. Jesus Cristo discutia com demônios dessa maneira, e o mesmo pode ser dito do Buda Shakyamuni.

Uma das escrituras budistas descreve que um demônio vigiou Buda durante sete anos enquanto ele realizava seu treinamento espiritual. Como um corvo à espera de abocanhar uma comida deliciosa, pairando sobre uma pedra parecida com um pedaço de gordura, o demônio sempre rondava por perto. Mas, assim como o corvo voou para longe ao perceber que a suposta presa era apenas uma pedra, quando o Buda alcançou a iluminação o demônio se retirou, deprimido. Devemos estar conscientes de que há sempre demônios à espreita, procurando atacar alguém. As pessoas que ocupam cargos importantes dentro de um grupo religioso são especialmente visadas pelos demônios.

No cristianismo, Judas traiu Jesus, mas é compreensível que isso tenha ocorrido. Judas se afligia por questões relacionadas a dinheiro e mulheres; ele estava encarregado de coletar e administrar o dinheiro para Jesus e seu grupo de discípulos. Pessoas que têm esse tipo de incumbência trabalham essencialmente nos bastidores; mas, como Judas cuidava da gestão do dinheiro, ele certamente tinha uma boa capacidade de lidar com assuntos mundanos.

Judas sempre batalhara muito para coletar dinheiro e suprir as necessidades do grupo, como a de obter comida. Mas Jesus era uma pessoa de espírito livre e a toda hora iniciava algo novo ou fazia visitas inesperadas. Enquanto Judas buscava dar solidez ao grupo, Jesus muitas vezes entrava em contato com pessoas que podiam comprometer a reputação do grupo. Portanto, Judas queixava-se com Jesus e pedia que mudasse sua maneira de agir, do mesmo modo que um conselheiro financeiro faria hoje em dia.

Nos primeiros estágios, o grupo era pequeno, mas foi crescendo, e o número de seguidores aumentou. Então, os discípulos que serviam Jesus havia mais tempo começaram a sentir como se seu mestre houvesse sido tirado deles. Judas tinha ciúmes dos novos membros. Além disso, como o grupo em poucos anos passou a ter grande influência, a capacidade de Judas provavelmente deixou de estar à altura das habilidades exigidas. Quando o grupo ainda era pequeno, seu papel nos assuntos financeiros se mostrava importante para o grupo; porém de repente, com um grupo maior, sua posição dentro dele pode ter se alterado.

Entendo bem esse tipo de situação. Na Happy Science também ocorreram muitas mudanças nos primeiros vinte anos de nossa história. No período inicial, os demônios entravam com frequência na mente de nossos executivos. Eles costumavam possuir a pessoa por um período de um a três meses. Para poder lidar com essa situação, introduzi o princípio da impermanência na nossa estrutura administrativa e tornei nossa organização mais fluida e altamente flexível. A partir disso, não fez mais sentido para os demônios colocar nossos executivos como alvos, e não houve mais problemas desse tipo.

Nos primeiros anos, nossos executivos eram alvos frequentes. Quando não conseguiam ficar à altura de suas atribuições, acabavam sendo possuídos. Se eu avaliasse uma pessoa como indispensável à Happy Science, ela passava a ser atacada; portanto, quanto mais valiosa a pessoa, mais indiferente eu precisava parecer ao lidar com ela. A pessoa ficava mais segura quando eu a tratava sem lhe dar muita importância, como quem diz: "Para mim tanto faz você estar aqui ou não", pois, se eu a considerasse insubstituível, ela seria alvo dos demônios, que a atacariam assim que ela mostrasse a menor brecha ou hesitação em sua mente.

Criei, desse modo, uma organização capaz de se ajustar a mudanças rápidas e preparei vários executivos, o que me dava suficientes opções para completar a equipe com as substituições que fossem necessárias. Com essas medidas, os demônios pararam de atacar nossa organização. Não fez mais sentido para eles que continuassem a atacar, porque, por mais executivos que derrubassem, sempre havia outros para colocar no lugar, e o resultado foi que cada executivo passou a ter também menor influência na totalidade da organização. Demônios levam em conta a eficiência do que fazem, e não desperdiçam energia à toa em seu trabalho. Em suma, os desejos, entre eles o desejo de fama, são alvos fáceis, e por isso devemos combatê-los com sabedoria.

5

Um ritual sagrado para exorcizar demônios: o "El Cantare Fight"

Crie uma tela espiritual reunindo o poder mental de muitas pessoas

Na Happy Science, o "El Cantare Fight" é um dos ritos sagrados usados para exorcizar demônios, e é realizado no mundo todo. O poder do "El Cantare Fight" está intimamente ligado à disciplina espiritual cotidiana da pessoa que realiza o ritual. Isso quer dizer que ela precisa estudar os livros da Verdade, praticar a autorreflexão e recitar orações todos os dias; também deve seguir alguns preceitos que ela mesma irá definir e viver de acordo com a vontade de Deus ou Buda, todos os dias. Há uma correlação entre a extensão desses esforços e o poder de exorcizar demônios. Se você for aplicado na sua disciplina espiritual, irá adquirir e desenvolver o poder Dármico.

A Happy Science realiza orações rituais para exorcizar maus espíritos nos *shojas* (templos), como o Templo Sede Shoshinkan, em Utsunomiya, Prefeitura de Tochigi. Meus discípulos conduzem essas orações rituais, e já fui vê-las pessoalmente para me assegurar de que os demônios são adequadamente exorcizados. Confirmei que de fato estão sendo expulsos.

É bom que sejam expulsos, porém às vezes eles seguem adiante e vão possuir outra pessoa; portanto, trata-se de uma questão difícil. Seria ótimo se fossem expulsos e desaparecessem na mesma hora, mas às vezes simplesmente passam para outra pessoa. Para evitar essa transferência, temos de aumentar nosso poder como um todo. Devemos criar uma tela espiritual com maior poder, para evitar que os demônios prolonguem sua estadia. Para isso, é crucial o poder mental, ou seja, em vez de realizar o ritual sozinho, o ideal é fazê-lo com diversas pessoas, pois isso torna seu poder mais efetivo. Com muitas pessoas concentrando o poder do pensamento no exorcismo de demônios, estes não conseguem mais permanecer.

É importante contar com o apoio de várias pessoas para exorcizar demônios, porque isso cria um campo espiritual apoiado no poder mental coletivo, e não deixa espaço para os demônios. Quando fizer o ritual no templo local da Happy Science, certifique-se de que não haja nenhuma área desprotegida. Para evitar que os demônios simplesmente passem de uma pessoa para outra, você deve criar junto a outros membros uma sólida tela espiritual, com o maior número possível de pessoas, e sentir como se todos juntos travassem uma batalha de mãos dadas.

Suponhamos que, durante a realização da oração ritual no salão de orações, uma pessoa que esteja, por exemplo, limpando a área do lado de fora acabe sendo possuída por um demônio, simplesmente por estar voltada para o salão de orações. Seria imperdoável se um demônio fosse meramente transferido de uma pessoa a outra pela realização de um exorcismo; portanto, devemos criar uma tela espiritual perfeita para expulsar os demônios de maneira completa, não deixando espaço para que continuem vagando por aí. Também é necessário que as pessoas que participam da oração ritual permaneçam mais uma ou duas horas no campo espiritual depois que o demônio tiver sido expulso. Ao realizar exorcismos, devemos observar esses pontos. De qualquer modo, confirmei que o "El Cantare Fight" é muito efetivo para exorcizar demônios.

O significado espiritual da cruz e da estrela

Ao realizar o "El Cantare Fight," você pode usar sua mão ou, então, a Espada de Rendição do Demônio. Primeiro, faça o sinal da cruz. No cristianismo, você primeiro leva a mão da testa para o peito, e depois ao longo dos ombros, do esquerdo para o direito. No "El Cantare Fight", primeiro movemos a mão horizontalmente, da esquerda para a direita, e depois na vertical, de cima para baixo. Isto é, invertemos o sinal da cruz cristão. Na verdade, não importa tanto assim como esse sinal é feito, mas prefiro traçar primeiro a linha horizontal para nos diferenciarmos do cristianismo.

O sinal da cruz tem sido usado há 2 mil anos; é um símbolo bem conhecido no mundo espiritual. O uso desse sinal é uma advertência de que o poder de Deus está em ação. Ao vê-lo, os demônios se preparam. Quando a pessoa que reza faz o sinal da cruz, uma luz brilha na horizontal e depois na vertical. O demônio que está possuindo alguém vê a luz da cruz brilhar com intensidade e, então, recua.

Em seguida, fazemos o sinal da estrela. A luz da estrela também brilha quando você move sua mão. A estrela é um símbolo de vitória e um símbolo celeste; ela representa um rito secreto do céu, assim como a vitória. Um fato interessante: no século X, Abe-no-Seimei, um líder espiritual japonês da Onmyo-do[9] ("Caminho do Yin-Yang"), também usava o sinal da estrela em seus rituais. A estrela é indicada como

---

9 O Onmyo-do é uma cosmologia esotérica tradicional do Japão, uma mistura de ciência natural e ocultismo. Baseia-se na filosofia chinesa de Wu Xing e Yin e Yang; foi introduzido no Japão na virada do século VI e é aceito como um prático sistema de adivinhação. (N. do E.)

pentagrama no *I Ching* ("O Livro das Mutações") e também é usada na cultura cristã. No âmbito religioso, o sinal da estrela expressa poder.

Depois de fazer os sinais da cruz e da estrela, você finalmente coloca à frente a sua mão ou a Espada de Rendição do Demônio. No meio da palma da mão há um chacra do qual emana um grande poder espiritual. Quando você coloca sua mão espalmada à frente, uma luz muito forte emana dela.

Do ponto de vista de um demônio que esteja possuindo alguém, ele verá aparecer uma cruz seguida por uma estrela e, por fim, uma luz poderosa emanando do centro da estrela. Os demônios que enfrentam o "El Cantare Fight" sentem-se crucificados quando fazemos o sinal da cruz, e diante do sinal da estrela ficam paralisados, aprisionados pela tela espiritual. Crucificados e selados dentro de uma estrela, veem emergir uma luz que atinge o centro de seu coração. É assim que o "El Cantare Fight" funciona.

Realizar rituais com a luz de El Cantare

O poder espiritual emanará do *Gohonzon* (a imagem sagrada), isto é, do centro da consciência de El Cantare. Mas, para que isso ocorra, as pessoas que realizam o "El Cantare Fight" devem ter fé e estar cientes de que fazem isso por meio da luz de

El Cantare. A luz fluirá desde que tenham fé, sigam a disciplina espiritual para purificar a mente e se mantenham humildes todos os dias.

Se você tentar exorcizar demônios usando apenas o seu poder pessoal, a luz não irá fluir; você precisa lembrar que está fazendo um exorcismo com o poder de El Cantare. Se você acha que pode fazer isso apenas com o seu poder, correrá o risco de um demônio penetrar em seus pensamentos. Portanto, pense da seguinte maneira: "Sou apenas um tubo condutor que permite à luz de El Cantare fluir. A luz de El Cantare flui ao passar por mim".

Se você tiver fé que está combatendo demônios com a luz de El Cantare, os demônios não terão outra opção a não ser enfrentar El Cantare. Mas, se achar que está realizando o exorcismo com seu próprio poder, os demônios irão vê-lo como o inimigo a ser vencido e irão atacá-lo. Num combate um contra um, você inevitavelmente terá algum ponto desprotegido e, então, o mais provável é que seja derrotado. Portanto, é preciso lutar formando uma unidade com a organização inteira. Trata-se de um combate de toda uma organização, uma luta em que há uma conexão com o mundo celestial. Quanto mais treinamento espiritual você acumular diariamente, mais forte será seu poder espiritual ou o poder Dármico, e mais forte será também seu poder de exorcizar demônios.

Tenha a forte determinação de não mais permitir a presença do mal

Como os demônios vivem no inferno há mil, dois mil e até três mil anos, é quase impossível que retornem ao céu por meio de persuasão. Um demônio é capaz de possuir uma pessoa, fazê-la dizer coisas estranhas, porém é inútil tentar persuadi-lo a abandoná-la. Os demônios são muito hábeis em enganar e iludir aqueles que tentam persuadi-los. São capazes até de chorar e implorar, e dizer: "Salve-me, por favor", "Eu mudei de atitude" ou "Por favor, deixe-me ser seu discípulo", mas são só mentiras, portanto, não dê ouvidos. Derramar falsas lágrimas é uma das técnicas que os demônios utilizam para enganar as pessoas.

Nunca negocie com um demônio. Apenas expulse-o dizendo: "Prosseguir no mal não será tolerado. O mal nunca deve se espalhar" – e faça isso com uma vontade forte, exorcizando o demônio de maneira decidida.

Espíritos errantes que não passaram longos períodos de tempo vagando pela Terra podem ser persuadidos a voltar para o céu, mas os demônios nunca, porque já praticaram maldades demais. Então, o que você deve fazer é impedir que prossigam praticando o mal. Isso é o importante.

Como não é possível aniquilar os demônios de uma vez por todas, tenho adotado a política de concentrar nossa energia em ampliar o domínio da Luz para que possa envolvê-los. Tenho me dedicado a criar fortalezas e bases de Luz pelo mundo afora, a fim de rodear os demônios, restringindo aos poucos os locais onde se abrigam. É uma longa batalha, e, como os demônios são muitos, não vamos conseguir vencê-los simplesmente lutando contra eles, a não ser que a Happy Science ganhe um poder muito maior.

Mas, com toda certeza, os demônios não cooperam entre si, e isso é uma grande sorte. A batalha seria muito maior se um imenso número de demônios pudesse juntar forças e atacar em grupo; no entanto, eles sempre lutam individualmente. Sinto-me realmente grato por isso. Não estou muito certo de quantos demônios existem no inferno – talvez centenas ou mesmo milhares – e, se eles se juntassem e atacassem todos ao mesmo tempo, seria terrível. Na realidade, porém, não são capazes de atuar em conjunto, pois ao se juntarem brigam muito uns com os outros. É por isso que se manifestam sempre individualmente. Os demônios nunca se ajudam nem agem de maneira cooperativa; trabalham apenas sozinhos, por sua conta e risco.

Desse modo, é importante que as forças da Luz formem uma frente comum e que lutemos juntos, de mãos dadas. Aparecerão demônios diferentes, dependendo da situação ou do interesse pessoal que possam ter, mas eles atacam de modo aleatório, desorganizado. Por isso, se lutarmos de maneira organizada poderemos vencê-los.

Se os demônios fossem capazes de se unir, desenvolveriam um sentimento de camaradagem entre eles e talvez despertassem para o sentimento do amor. Mas, na realidade, mesmo que tentassem se unir e formar um grupo, isso não iria dar certo, porque nenhum deles ouve o outro. Cada um é um ditador absoluto, concentrado numa apresentação individual; não conseguem se aliar numa batalha como um grupo coordenado.

Ao lidar com demônios, nunca negocie; seja determinado, para não permitir que se produza mais mal. Nunca dê ouvidos às suas palavras mentirosas quando eles tentam demonstrar pesar e arrependimento. Não se iluda se lhe disserem que "mudaram de atitude". Não é um combate fácil. Levaria pelo menos mil ou dois mil anos até fazê-los realmente mudar de atitude. Portanto, é essencial ter muita determinação para impedir que continuem espalhando o mal e conseguir contê-los com a força da Luz.

Para se tornar um moderno exorcista, você precisa dar grande importância à disciplina espiritual diária. Mesmo assim, um exorcismo será bem mais efetivo se for conduzido por um sacerdote profissional, que já tenha acumulado bastante disciplina espiritual, e realizado em um lugar como um templo local, um *shoja* ou a sede central da Happy Science, onde já se formaram campos espirituais. No caso de fiéis comuns, se eles decidirem enfrentar um demônio forte e seus poderes espirituais não estiverem firmes o suficiente para permitir expulsá-lo, é possível que sejam derrotados. Portanto, em vez de tentar fazer o exorcismo sozinho, é melhor que ele seja conduzido por um sacerdote profissional e nas instalações da Happy Science, onde já há um campo espiritual formado.

Os fiéis comuns devem se submeter a uma disciplina espiritual similar à dos sacerdotes profissionais para que seus poderes espirituais se fortaleçam. Também precisam resolver seus problemas pessoais, dormir e se alimentar bem e aumentar sua força física por meio de bons cuidados com a saúde. Você não será capaz de expulsar demônios se estiver às voltas com muitos problemas pessoais, por isso é importante resolvê-los. Fiéis comuns têm condições de expulsar um espírito de nível baixo, ou algum espírito de sua vizinhança ou um que tenha seguido seu filho desde a escola, e podem realizar o "El Cantare Fight" em casa; porém, no caso de um demônio de verdade, só sacerdotes profissionais serão capazes de exorcizá-lo.

6

Fortalecer a Luz é melhor do que se concentrar no mal

Dentre aqueles que estão apoiando o trabalho religioso, às vezes alguns são possuídos por demônios, mesmo sem terem cometido nenhuma falha grave. O demônio aproveita alguma hesitação de seu coração para entrar e destruir seu caráter. Como resultado, a pessoa enlouquece e acaba tendo a vida desencaminhada. De vez em quando vemos indivíduos nessa condição, e é muito triste, mas não há como impedir.

Isso ocorre porque os demônios abordam tais pessoas com a clara intenção de interferir em seu trabalho. No entanto, posso garantir que, mesmo que sejam possuídas por um demônio e morram de um modo triste, elas voltam para o céu após a morte. Seu sofrimento fica restrito a este mundo. Mesmo que venham a falecer enquanto estão sendo possuídas, depois que passam para o outro mundo podem voltar ao céu e viver livres de demônios. O resultado é diferente para quem é possuído em razão de seus maus atos, mas no caso daqueles que ajudaram a Happy Science e foram destruídos por demônios, posso garantir que terão bem-estar no outro mundo, mesmo que sofram por vários anos antes de deixar este mundo. Não há por que se preocupar em relação a isso.

Sem dúvida, algumas pessoas fazem o mal e continuam insistindo nele, mas não há o que fazer a respeito. É melhor nos preocuparmos em fortalecer a Luz. Os demônios não gostam de autorreflexão, orações, humildade, obediência, honestidade e fé. Eles fogem desses valores, que são o oposto exato do poder mundano. E não conseguem possuir pessoas que estejam firmemente ancoradas nesses valores. Portanto, devemos lutar sempre para fortalecer essas qualidades.

À medida que a Happy Science crescer e nossos templos locais e *shojas* se tornarem santuários especiais, nosso poder de exorcismo aumentará. Portanto, como já destaquei, devemos lutar usando tanto o poder do campo espiritual, ou tela espiritual, quanto o poder da nossa organização, que conta com o apoio de muitos colaboradores, unificando esse poder e criando um poder ainda maior.

Mesmo assim, depois que você tiver lutado por algum tempo, é bom deixar o exorcismo um pouco de lado, porque ficar concentrado demais no mal pode prejudicá-lo. Não se inquiete com a erva daninha que cresce; continue plantando boas sementes para fazer crescer mais trigo. Produza uma colheita maior para aumentar a Luz. As ervas daninhas podem incomodar, mas você não deve prestar atenção demais a elas. O essencial é aumentar o número de pessoas adequadas, corretas, puras e felizes. De vez em quando, lembre-se de redirecionar sua atenção dessa maneira. Com isso, concluo a abordagem do tema do exorcista moderno. Espero que possa ser útil.

Capítulo Dois

Medidas básicas para superar perturbações espirituais

Dos conceitos básicos às aplicações práticas

Como identificar uma perturbação espiritual

Todos experimentamos perturbações espirituais várias vezes

Já falei sobre o tema deste capítulo em outras oportunidades com diferentes enfoques, mas acredito que devo explorá-lo sempre, todos os anos. Ele nos leva de volta aos aspectos básicos da religião. Embora vários tópicos possam ser abordados por estudos seculares e trabalhos profissionais, esse assunto em particular possui uma forte relação com a religião. Vamos discutir algumas situações de vida que incorporam aspectos espirituais e ver de que modo as questões espirituais nos afetam. Como sugere o título, este capítulo irá revisitar os conhecimentos básicos.

A perturbação espiritual ou possessão por espíritos na realidade não é uma experiência tão incomum. Muitas pessoas vivenciam esse fenômeno várias vezes ao longo da vida. Então, quando é mais provável passar por uma possessão? São várias as situações: por exemplo, quando o curso da sua vida toma um rumo diferente daquele que você esperava, quando se vê num beco sem saída ou quando acaba criando más associações com pessoas do seu trabalho ou de grupos de atividades. Nesses casos, é difícil fugir de perturbações espirituais.

Por exemplo, você pode acabar se juntando a uma gangue de estudantes delinquentes por meio de um dos seus amigos e ver-se de repente incapaz de sair do grupo. Então, será levado a praticar algo errado pelo menos uma vez por dia, em vez de procurar fazer "uma boa ação por dia". Cada membro da gangue se revezará para fazer algo ilícito e, quando chegar sua vez, você também se verá obrigado a fazer algo ruim. Se tentar sair do grupo, talvez seja tratado como eram os ninjas fugitivos dos velhos tempos. Dizem que quando um ninja tentava sair do seu grupo, era perseguido e morto, e nos atuais grupos desse tipo pode ocorrer algo similar. Nessas circunstâncias, é provável que você fique vulnerável a perturbações espirituais.

O mesmo pode ser dito, é claro, para grupos criminosos. Se você se junta a um grupo de pessoas que saem por aí fazendo coisas ilícitas, cometendo crimes, aos poucos ficará impregnado pela maldade. Sem dúvida os maus espíritos tomam posse de quem está envolvido em atividades ilegais.

• Medidas básicas para superar perturbações espirituais •

No Japão, atualmente vêm sendo aplicados golpes por telefone em pessoas idosas, levando-as a realizar transferências bancárias; o fraudador finge ser um parente, em geral um sobrinho ou sobrinha, e liga para a vítima pedindo dinheiro e dizendo: "É o fulano! Vou ficar muito mal se você não conseguir algum dinheiro imediatamente. Por favor, mande-me o dinheiro já". Algumas vítimas são instruídas a levar dinheiro vivo a alguma estação de trem próxima, e as pessoas caem nesses golpes, por mais inacreditável que possa parecer. Não sei bem se os fraudadores verificam previamente se a vítima tem mesmo um sobrinho ou sobrinha, mas é comum que orientem a pessoa a dar o dinheiro a um intermediário, e com isso conseguem aplicar o golpe. As autoridades lançam alertas a respeito desses golpes. Fico perplexo ao ver que tais "estratégias" existem de fato.

As pessoas que se envolvem diariamente em atividades criminosas ficam com a mente coberta por nuvens escuras. O modo de vida delas é próximo do que vigora no inferno; portanto, são sempre abordadas por seres nefastos, graças à Lei da sintonia de Vibrações. Essa é a principal consequência sofrida pelas pessoas que se dedicam a atividades criminosas.

Claro, o que é considerado crime varia conforme o país. Alguns adotam políticas nacionais tão equivocadas que dificilmente poderíamos dizer que os que se opõem ao governo nesses países sejam criminosos e dominados por maus espíritos. Mas, se a pessoa se envolve numa operação que, do ponto de vista moral, é de natureza francamente criminosa ou se faz parte de uma organização criminosa há muito tempo, certamente está possuída por um mau espírito.

Alguns grupos religiosos ou seitas recentes tornaram-se ninhos de maus espíritos

Certas religiões costumam ser rejeitadas pelo público em geral, e com justa razão. Não gosto de fazer afirmações desse tipo, já que dirijo uma organização religiosa, mas, dentre os novos grupos e seitas criados no Japão a partir do final do século XIX até o presente, alguns são de fato muito distorcidos ou até inaceitáveis na minha opinião. No meu caso, por exemplo, sou capaz de ler um tipo de enciclopédia sobre as religiões convencionais, mas começo a me sentir muito mal quando leio uma que trata das novas religiões. Acho que é porque uma enciclopédia desse tipo contém descrições de grupos que obviamente se tornaram ninhos de maus espíritos.

Há uma tendência nos atuais meios de comunicação de avaliar as religiões como um todo, ora com uma aprovação irrestrita, ora com uma condenação sumária. Para nós, isso dificulta fazer comentários sobre as outras religiões. Desse modo, nas últimas décadas tem predominado uma regra tácita entre as religiões de evitar críticas entre si, porque, se uma faz isso, a mídia logo cria uma confrontação entre os dois lados. Todas as religiões acabam sendo consideradas em conjunto, como se fossem uma coisa só, e a reputação delas é exaltada ou arrasada de modo precipitado; portanto, trata-se de um assunto complexo. Embora a Happy Science não deixe de apontar as diferenças entre as religiões, as pessoas têm dificuldade em compreender isso e tiram conclusões apressadas, achando que todas as religiões são iguais, pois todas tratam basicamente de questões sobrenaturais.

Outro aspecto é que, quando uma organização alcança certo porte, começam a surgir indivíduos perturbados entre seus membros. Uma estatística apontou que três de cada cem japoneses podem se tornar criminosos, e, do mesmo modo, numa religião, de cada cem seguidores, podem surgir uns três com perfil criminoso. Se o grupo aumenta sua filiação para mil ou dez mil ou mais membros, irá aparecer uma quantidade expressiva de maus indivíduos. Embora isso não tenha grande efeito quando se trata de comportamentos inadequados, mas irrelevantes, se um de seus seguidores comete um crime grave, o grupo todo fica desprestigiado. Assim, esse é um assunto delicado.

Não é fácil distinguir uma doença mental de uma perturbação espiritual

Problemas semelhantes podem ser encontrados também em nível individual. O incidente a seguir, extraído de um relatório oficial sobre casos judiciais japoneses, tem sido citado quando se fala em liberdade de religião e suas limitações. Um monge tentou exorcizar um espírito – o espírito de uma raposa ou de um guaxinim – que ele acreditava ter possuído uma pessoa. Com a ajuda de um membro da família dela, amarrou-a e espancou-a para tentar expulsar o espírito. Devido à violência da surra, a pessoa morreu e o monge foi incriminado.

Se alguém está realmente possuído pelo espírito de um animal, como o de uma raposa ou de um guaxinim, certamente agirá de maneira estranha. Isso será óbvio a qualquer um que observar a pessoa. Ela poderá, por exemplo, começar a andar de quatro ou a saltar. São comportamentos claramente anormais; portanto, aqueles que dominam assuntos religiosos concluirão que o espírito de um animal está possuindo a pessoa e a levarão a um médium, que poderá decidir praticar um exorcismo. Se o exorcismo não funcionar, mesmo que praticado por bastante tempo, o exorcista pode começar a infligir dor física à pessoa, para que o espírito no corpo dela se sinta desconfortável e vá embora. É por isso que o exorcismo às vezes inclui alguma forma de punição corporal.

Em filmes sobre exorcismo cristão, vemos às vezes cenas com alguém sentado e amarrado com tiras de couro a uma cadeira, como se fazia antigamente para tratar pacientes psiquiátricos, e sendo submetido a um exorcismo, mas incapacitado de se mexer. Vendo uma cena dessas, é difícil concluir se a pessoa se tornou violenta por um distúrbio psicótico ou se está sendo vítima de uma forte perturbação espiritual. Em muitos casos, as duas coisas se sobrepõem. Por isso, o Vaticano recomendou que em situações como essa a pessoa seja primeiro examinada por médicos, para se verificar se está mentalmente saudável ou não. Se houver diagnóstico de doença mental, o paciente deverá ser encaminhado a um hospital para tratamento psiquiátrico. O exorcismo só deve ser praticado após a confirmação de que o comportamento não é sintoma de distúrbio mental. Na realidade, porém, não é fácil distinguir as duas condições.

Num filme americano muito conhecido, *O Ritual*[10], o ator Anthony Hopkins faz o papel de um exorcista. Há uma cena em que uma jovem é examinada para se atestar se é psicótica ou se foi possuída por algum demônio. Quando decidem verificar se

---

10 Título original *The Rite*, lançado no Brasil em 2011.

ela tem poderes sobrenaturais, pedem que tente adivinhar o que há dentro de um saco opaco. Trata-se de um teste para ver se a pessoa é capaz de perceber coisas sem que as veja de fato; num sentido amplo, é um teste da capacidade de clarividência. No filme, a mulher adivinha corretamente que há uma nota de 1 dólar dentro do saco, e o exorcista conclui, com isso, que ela está sob a influência de um demônio.

Outra evidência que permite detectar a possessão espiritual é quando a pessoa subitamente fala em línguas estrangeiras, sem ter conhecimento prévio delas. Também há casos em que um indivíduo consegue descrever incidentes do passado de outra pessoa, dos quais ele não teria como possuir ciência. Ele relata, por exemplo, o que o pai de alguém disse antes de morrer, ou quais foram os sofrimentos da mãe de alguém antes de falecer, ou então descreve com exatidão a aparência de um de seus irmãos. Com base em declarações desse tipo, o exorcista conclui se a pessoa está possuída por um demônio ou não, antes de praticar o exorcismo. Porém, tais coisas às vezes se manifestam de maneira sutil e difícil de detectar. Outras vezes, tem-se a impressão de que o exorcista já está de antemão inclinado a provar a existência de demônios. Mas um verdadeiro especialista espiritual sabe identificar logo se uma pessoa está possuída ou não.

• Medidas básicas para superar perturbações espirituais •

2

Conhecimento básico necessário para combater demônios

Os demônios atacam a pessoa mais fraca dentre as que estão mais próximas de seu alvo

Algumas pessoas que abriram seu canal espiritual são mais suscetíveis à influência de espíritos em comparação com as pessoas comuns. São como casas com chaminés por onde pode entrar o "Papai Noel". No entanto, não é só ele que pode entrar; outros seres também têm acesso. Além disso, se a chaminé não estiver bem limpa, o Papai Noel irá se sujar e causar problemas. E mesmo que a pessoa tivesse um bom estado mental quando seu canal espiritual foi aberto, esse canal de acesso às vezes se deteriora e se altera por algum incidente que faça a pessoa enfrentar problemas mais sérios. Isso torna as coisas difíceis para ela.

Basicamente, o que está em ação quando um mau espírito toma posse de uma pessoa é a chamada Lei da sintonia de Vibrações, mas também há casos excepcionais. Uma pessoa pode ser alvo de uma intensa perturbação espiritual ou possessão por maus espíritos ou demônios a fim de causar sofrimento não só a ela, mas principalmente aos membros de sua família – irmãos, parentes, filhos – ou aos seus colegas de trabalho. Esse estilo de ataque indireto também pode ocorrer.

No jogo chamado Jenga, em que os jogadores se revezam para remover um ou mais blocos de madeira empilhados em camadas, há uma peça crucial que, ao ser retirada, derruba toda a estrutura. Do mesmo modo, numa unidade familiar ou num grupo de pessoas no trabalho, há também peças cruciais que, se forem atacadas, podem desencadear o colapso de todo o resto. Os demônios utilizam basicamente essa mesma estratégia, como lobos caçando um rebanho de carneiros: definem como alvo ideal o elemento mais fraco e fácil de vencer, para tornar o ataque mais efetivo.

Eles dificilmente vêm pela "porta da frente". Quase sempre chegam pela "porta dos fundos". Ninguém costuma visitar os outros entrando pela porta dos fundos, mas os demônios fazem isso. Na realidade, vêm por meio de parentes ou de conhecidos com os quais você tenha intimidade, isto é, pessoas que você dificilmente pode deixar de ver ou consegue evitar. Essa é a abordagem padrão. Constatei isso várias vezes e vi que a estratégia deles costuma ser sempre a mesma. Gostam de usar o estilo caçador de um lobo, atacando o elo mais fraco. Quando há vários membros da família, preferem sempre abater o mais fraco.

Na escola, o *bullying* costuma se concentrar no membro mais vulnerável da classe. Às vezes, ataca-se o alvo mais fácil para provocar confusão na sala de aula. Se alguém se ergue contra os intimidadores tentando ajudar o amigo que está sendo assediado, é rotulado como igual ao assediado e também se torna alvo de *bullying*. A pessoa é isolada do grupo, entra em desespero e aos poucos se sente incapaz de continuar frequentando a escola. Um isolamento desse tipo também pode ocorrer no trabalho ou na família; em muitos casos, é difícil reatar os relacionamentos originais. É assim que os demônios escolhem de propósito uma pessoa específica como alvo. Eles costumam ser muito perspicazes.

Medidas adequadas para espíritos aprisionados na Terra

A situação é diferente com relação aos maus espíritos comuns. Por exemplo, no caso de espíritos condenados à Terra e presos a determinados lugares, se você se mantiver longe desses locais, em princípio não terá conexão com eles. Porém, se você for a um cemitério só para testar sua coragem, se ficar explorando cemitérios para tentar captar em filme algum evento assustador ou se for com frequência ao túmulo de alguém, esses espíritos provavelmente irão possuí-lo. Portanto, é melhor manter distância desses lugares.

Algumas instalações da Happy Science ficam em áreas onde há muitos templos tradicionais. Procuro não visitar esses templos e túmulos dos arredores, nem olhar para eles ao ir para as nossas instalações. Quando construímos centros nessas áreas, procuramos projetá-los de modo que as pessoas de dentro deles não tenham uma visão direta dos cemitérios.

Moro há quase vinte anos na minha residência atual. Existem vários cemitérios ali por perto, mas felizmente não recebi quase nenhuma visita dos fantasmas que povoam os túmulos das redondezas. Isso porque fiz um esforço para não criar nenhum vínculo direto com eles. Se eu passasse pelos cemitérios nas minhas caminhadas diárias, os espíritos provavelmente viriam me visitar. Quando estou a caminho de certos lugares, às vezes preciso passar pelo Cemitério Aoyama, mas faço o possível para não prestar atenção nele. Se passasse a pé por esse local todos os dias, os espíritos com certeza iriam me abordar mais cedo ou mais tarde. Assim que descobrissem que sou capaz de me comunicar com espíritos, fariam questão de interagir comigo e me contar seus dramas.

• Medidas básicas para superar perturbações espirituais •

Como diz o provérbio latino: "Longe de Júpiter, longe de seus raios", o melhor é manter distância de locais potencialmente perigosos. É bom evitar, por exemplo, lugares onde ocorreram suicídios – cruzamentos de estradas de ferro ou uma área de um edifício de onde algumas pessoas já se jogaram.

O mesmo pode ser dito dos chamados "imóveis assombrados". Algumas casas ou apartamentos são oferecidos para alugar ou comprar por preços muito baixos, e então se descobre, por exemplo, que ali um dos antigos proprietários se enforcou. Esse tema é bastante explorado em programas de tevê e filmes de terror; entretanto, meu conselho é que você evite comprar ou alugar imóveis desse tipo. Talvez não tenha outra opção, mas procure não se obrigar a testar sua coragem; a regra de ouro é evitar contatos desnecessários com esses locais.

As pessoas preferem evitar alugar uma casa onde o inquilino anterior tenha cometido suicídio, por exemplo, enforcando-se. No Japão, a partir do momento em que um local desses é alugado por certo período de tempo, não é mais considerado um "imóvel assombrado". É por isso que alguns corretores de imóveis elaboram registros fazendo constar nomes de falsos residentes. O truque é pedir a outros corretores que aluguem o imóvel por um tempo, mas apenas no papel, sem pagar praticamente nada

– digamos por seis meses ou um ano –, pois isso faz parecer que alguém de fato morou ali. Terminado esse período, o imóvel é anunciado de novo e os corretores não precisam mais revelar os tristes incidentes que ocorreram ali. Às vezes, emprega-se esse tipo de truque; portanto, é preciso estar atento.

Os filmes de terror americanos com frequência narram histórias de casas assombradas. Às vezes, é uma casa cujo porão é habitado por fantasmas ou que tem um quarto onde alguém morreu; então, a pessoa que vai morar lá é possuída pelo fantasma, e depois por um demônio que controla o tal fantasma. Há muitas histórias com roteiros parecidos. A Inglaterra também é rica nesse tipo de trama. Pode ser, por exemplo, a história de alguém que encontra uma velha relíquia no porão e depois descobre que pertenceu a alguém que teve uma morte trágica, ou a aventura de alguém que entra num quarto que ficou trancado desde a morte de uma filha e então é possuído pelo espírito da menina. Há muitas histórias assim. É sempre bom evitar lugares com essas características.

O que os exorcistas aprendem no Vaticano

Existem pouquíssimos exorcistas no mundo capazes de expulsar demônios que se apossam de pessoas. O Vaticano relata que recebe por ano mais de quinhen-

• Medidas básicas para superar perturbações espirituais •

tas mil solicitações de exorcismo, mas eu calculo que muito poucas sejam realizadas, a julgar pelo reduzido número de exorcistas aprovados pelo Vaticano.

O Vaticano oferece um curso para a formação de exorcistas oficiais, mas analisando o conteúdo que é ensinado, eu duvido um pouco da eficácia de seus métodos. Acredito que, em princípio, é melhor não saber os nomes dos demônios; portanto, na Happy Science não dou importância a essa identificação. O Vaticano, ao contrário, instrui seus sacerdotes a memorizarem esses nomes. Utilizam até ilustrações para mostrar seus rostos e aparências. Há uma lista com descrições de cerca de quinhentos demônios, especificando suas características. Não acho que alguém precise memorizar nomes e rostos de demônios para ser credenciado como exorcista. Duvido até que esses demônios tenham sido vistos de fato, mas de qualquer modo essas ilustrações existem e são usadas.

O método básico de exorcismo ensinado no Vaticano possui várias etapas. Primeiro, os sacerdotes são instruídos a amarrar o corpo da pessoa que suspeitam estar possuída, para restringir seus movimentos. O exorcismo envolve riscos, pois a pessoa possuída pode ficar violenta e dotada de uma força extraordinária. Também recomendam não se envolver em conversas, nem dar ouvidos ao que os demônios dizem. E também não olhar diretamente nos olhos da pessoa.

A maioria dos filmes sobre exorcismo retrata essa regra de evitar conversar. Para tornar as histórias mais dramáticas, muitos desses filmes têm cenas nas quais o demônio faz afirmações exageradas. É comum vê-los usar uma linguagem grosseira, obscena, com palavrões e frases que seriam impróprias na maioria dos locais de trabalho e censuradas nos meios de comunicação. Às vezes, uma garotinha que normalmente não usaria esse tipo de linguagem solta palavrões ou gírias indecentes quando está sob possessão demoníaca.

Os demônios proferem essas blasfêmias em parte para tentar desestabilizar a mente do sacerdote que pratica o exorcismo e tirar-lhe a concentração. Ele está prestes a borrifar água benta ou pressionar o crucifixo contra a pessoa afetada a fim de poder exorcizá-la, e certamente estremece ao ouvir essa linguagem vulgar. Além disso, se ele começar a discutir no mesmo nível, sua vibração mental irá baixar e ficará em sintonia com a do demônio. É por isso que se aconselha a não dar ouvidos aos demônios, nem conversar com eles.

Essas cenas são mostradas com frequência nos filmes, e elas na verdade ocorrem na vida real. A pessoa possuída muitas vezes tem toda a aparência de um cavalheiro ou de uma senhora distinta; porém, quando o demônio se manifesta de repente, começa a atacar verbalmente o sacerdote com obscenidades. É importante não baixar o nível da linguagem. Evitar linguagem grosseira e usar palavras apropriadas significa que você está no controle da sua racionalidade. Sempre é bom ressaltar isso.

Portanto, no exorcismo cristão ensina-se a não travar nenhuma batalha verbal e a não ligar para o que o demônio diz. Outra instrução é não olhar direto nos olhos da pessoa afetada, provavelmente porque o contato visual pode permitir que o demônio use seu poder hipnótico a fim de iludir as pessoas.

Sou um pouco cético quanto à eficiência de ler a Bíblia em latim em voz alta, espargir água benta e pressionar o crucifixo sobre o rosto ou o corpo da pessoa afetada. Esses métodos são retratados em filmes e peças teatrais e são úteis para o desempenho dramático, mas duvido que tenham muita eficácia.

Os indícios da possessão demoníaca

Alguns filmes mostram até o fenômeno da materialização. No já citado *O Ritual*, por exemplo, uma jovem grávida que foi possuída vomita pregos. No filme estava anunciado que ele havia sido inspirado em uma história real, mas duvido que esse vômito com tantos pregos tenha ocorrido de fato. Certamente é um exagero cinematográfico.

O exorcista vivido por Anthony Hopkins ficou chocado com a morte da garota que vinha tentando ajudar e acabou igualmente vítima de possessão demoníaca. Nessa hora, também cuspiu pregos. Imagino que talvez os pregos simbolizem os da crucificação de Cristo. No entanto, embora às vezes ocorram fenômenos de materialização, seria muito exagero retratar demônios capazes de materializar coisas ou de provocar mudanças físicas. Acho problemático, pois é algo que raras vezes acontece.

As pessoas sob possessão demoníaca vivem sempre muito atormentadas. Podem tentar se enforcar com uma corda ou fio, eletrocutar-se, espalhar gasolina pelo corpo e se incendiar ou saltar da janela de um prédio. Muitas delas tornam-se violentas e tentam atacar os outros com alguma faca ou outra arma que encontrem disponível. Portanto, é necessário manter escondido ou fora do alcance delas tudo o que possa ser usado como arma.

Também constitui um problema quando existem armas perto de pessoas afetadas por perturbações espirituais severas. O melhor é tirar do caminho qualquer tipo de arma de fogo e armas cortantes, deixá-las muito bem guardadas. Do mesmo modo, é preciso prevenir que a pessoa cometa suicídio pulando de uma janela ou se envenenando com gás de cozinha. Certifique-se de que ela não terá como realizar essas tentativas. Líquidos inflamáveis como gasolina e outros também devem ser tirados de cena. Tome todas as medidas para deixá-los fora do alcance.

Na maioria das vezes, as pessoas com perturbações espirituais buscam infligir danos físicos a si mesmas. Isso porque ficam ouvindo a voz de um espírito obsessor cochichando em seu ouvido: "Morra, morra, morra" ou "Pule pela janela, vamos, pule!". Essas vozes atormentam a pessoa, tiram seu sono à noite e, aos poucos, ela passa a acreditar que é isso o que deve fazer, como se estivesse hipnotizada.

Nesse sentido, um momento perigoso é quando estão emocionalmente abaladas, sentindo que é o fim do mundo, como quando são despedidas do emprego, sofrem com um rompimento amoroso ou falham num teste importante. A pessoa pode sentir um choque profundo quando vai mal num exame de doutorado e então fica muito deprimida, tendo pensamentos do tipo: "Nunca vou conseguir ser doutor. Meus pais vão ficar desapontados. Preferiria morrer". Nessa hora, se a pessoa por acaso estiver perto de uma linha de trem, num daqueles já citados pontos de suicídio, poderá entrar no cruzamento inadvertidamente bem na hora em que um trem estiver se aproximando.

Dirigir um carro também é muito arriscado para um indivíduo nessa condição. Se ele estiver guiando e perder o controle, mesmo que seja por um segundo, permitirá que um espírito obsessor mova sua mão e o faça girar depressa o volante, com o risco de produzir uma colisão ou atropelar um pedestre.

Em outros casos, a pessoa pode tentar pular do telhado de uma construção ou pela janela de um alto edifício. Mas isso também poderia ser evitado se os edifícios tivessem um projeto mais cuidadoso, que impedisse o acesso a essas áreas e evitasse esse tipo de morte.

No passado, muitas pessoas cometiam suicídio saltando da plataforma da estação para os trilhos na hora que o trem passava. Recentemente, a Japan Railways (Grupo JR) instalou portões de acesso às plataformas que só se abrem depois que os trens param. O Grupo JR resistia a instalar esses portões por seu alto custo; porém, agora que estão em funcionamento, muitas estações deixaram de reportar suicídios. Uma plataforma de trem sem esses portões na realidade é um projeto muito perigoso; pessoas com perturbações espirituais podem facilmente pular na frente de um trem se forem tentadas a cometer suicídio. Portanto, deve-se ter cautela em relação a esses pontos.

São muitos os casos de demônios que tentam matar a pessoa possuída ou causar-lhe um acidente. Essa é uma característica de muitos demônios.

A diferença entre os filmes de terror americanos e os japoneses

Como comentei anteriormente, os filmes americanos sobre exorcismo costumam mostrar cenas em que o personagem possuído vomita alguma coisa, como os pregos no já citado filme. Outra cena familiar é a de uma pessoa possuída por demônio vomitando uma substância verde gosmenta. Talvez tenha sido ideia do diretor de arte usar uma sopa de ervilha nessa cena. Sem dúvida, o impacto visual de uma substância esverdeada sendo vomitada é bem grotesco e reforça na tela a sensação de possessão demoníaca. Nesse sentido, tal efeito cumpre bem seu papel.

Na realidade, porém, isso é algo improvável. Com mais de trinta anos de experiência em assuntos religiosos, eu nunca vi alguém vomitar uma substância verde parecida com sopa de ervilha. Claro, é possível que uma pessoa sinta enjoo e vomite a comida que acabou de ingerir. E, sem dúvida, quando uma pessoa está sofrendo de uma perturbação espiritual, suas preferências alimentares podem mudar e fazê-la sentir aversão por certos alimentos. Então, o corpo rejeita aquela comida e induz o vômito. Mesmo assim, vomitar uma substância esverdeada é um estereótipo cinematográfico, não é da vida real. É raríssimo acontecer.

Outro tipo de cena impressionante é a que mostra uma pessoa com a cabeça girando 360 graus. É algo impossível. Num giro desses, o pescoço se partiria e a pessoa morreria. Portanto, trata-se de outra representação exagerada. Os filmes americanos sobre exorcismo usam certas proezas físicas para chamar a atenção do público; por isso, tendem a exagerar na dose desses efeitos. São cenas que geram grandes bilheterias nos Estados Unidos, mas no Japão uma representação desse tipo não faria o mesmo sucesso.

No Japão, por outro lado, os filmes com fantasmas têm um enfoque mais psicológico. Também contêm cenas que provocam medo na plateia, mas sem tanta ênfase na ação física. É por isso que os filmes de terror americanos não são muito populares no Japão e são exibidos apenas em salas especiais. Os filmes de terror japoneses, por sua vez, raramente entram no mercado americano.

Alguns filmes de terror japoneses que têm zumbis como personagens, como os da série sobre Sadako e Kayako, foram refilmados em Hollywood e resultaram nas séries Ring e Grudge. Mas esses fenômenos não têm fundamento na experiência real. Os cineastas os produziram dentro de um enfoque pouco convencional, para conseguir uma abordagem singular. No Japão, nunca tive a experiência de ver ou ouvir pessoas mortas voltando à vida como zumbis

• MEDIDAS BÁSICAS PARA SUPERAR PERTURBAÇÕES ESPIRITUAIS •

e perambulando pelas ruas para atacar os vivos. Mas é concebível que os falecidos apareçam como fantasmas para meter medo em alguém; eles se manifestam sob formas inacreditáveis.

Com certeza existem fenômenos físicos relacionados às atividades de fantasmas, como ruídos misteriosos, cortinas que se mexem sem motivo aparente ou luzes que se apagam sozinhas. No entanto, no Japão é raro observar esse tipo de manifestação intensa de fenômenos físicos. Acho que muitos dos filmes de terror americanos são sobre crimes misteriosos aos quais se acrescenta o tempero de fantasmas e demônios. Minha impressão é que eles partem de casos de homicídio e incrementam o enredo com fantasmas e demônios. Na realidade, os maus espíritos e os demônios visam atingir principalmente a mente das pessoas.

3

Conhecimento prático sobre o exorcismo de demônios

Ouvir ou ver palestras da Happy Science

Quando uma pessoa está sob uma perturbação espiritual severa, mesmo que não possua nenhuma capacidade mediúnica ou de canalização, ela pode passar por fenômenos espirituais, como se fosse médium. Mais especificamente, se maus espíritos ou demônios tomam posse regularmente da pessoa, ela se torna capaz de ver seres espirituais e de ouvir vozes estranhas. Isso é bastante comum. Por exemplo, se uma pessoa for repreendida muitas vezes no trabalho, terá vontade simplesmente de tampar os ouvidos. Nessas horas, talvez comece a ouvir vozes cochichando algo na sua mente. Quando ela experimenta esse tipo de alucinação auditiva ou clariaudiência, é provável que esteja possuída por maus espíritos ou demônios.

Em algumas ocasiões, a pessoa também é tomada de repente por uma forte sensação de torpor ou

• Medidas básicas para superar perturbações espirituais •

sonolência. Claro, às vezes ficamos sonolentos o dia todo por algo que não tem a ver com influências espirituais. De qualquer modo, a pessoa pode realmente ser acometida por uma sonolência repentina e se sentir incapaz de continuar desperta, sobretudo quando se dispõe a ouvir palestras sobre a Verdade Búdica em CDs ou DVDs. Se você apresentar um CD ou DVD de uma de minhas palestras a uma pessoa que tenha alucinações auditivas, o espírito que busca possuí-la tentará impedi-la de prestar atenção, fazendo-a cair no sono em cinco minutos.

Quando trabalhei numa empresa comercial, um colega meu revelou que estava sendo possuído por uma entidade canina. Ele tinha algum conhecimento do mundo espiritual e me pediu para expulsar o espírito, garantindo que ele iria manter segredo disso. Então, atendi o seu pedido e solicitei que ouvisse uma das minhas palestras relacionadas à Verdade – uma mensagem espiritual que eu havia previamente gravado em fita cassete. Para minha surpresa, em menos de três minutos ele caiu num sono pesado. E, de fato, na mesma hora teve uma espécie de letargia, chegando a expelir bolhas de secreção pelo nariz. Fiquei impressionado com aquela reação repentina, fruto da possessão. Foi só ele começar a ouvir uma das minhas antigas mensagens espirituais gravadas (agora disponíveis em texto impresso) e caiu no sono na mesma hora. Fiquei chocado com esse efeito tão instantâneo. Ou seja, os maus espíritos e demônios têm o poder de fazer alguém cair no sono para evitar que a pessoa ouça palestras sobre a Verdade.

Isso também ocorre durante as minhas palestras ao vivo. Claro, algumas pessoas na plateia acabam dormindo simplesmente porque acham a palestra entediante. Às vezes não há como evitar isso. E não quero dar muita ênfase a esse aspecto do sono, porque meus discípulos poderiam acusar os ouvintes que dormem durante as palestras de estarem sob possessão demoníaca, quando na realidade talvez estejam apenas achando monótono. Nesse caso, os palestrantes precisam melhorar seu desempenho e tornar seu discurso mais interessante. Seja como for, algumas pessoas começam mesmo a dormir assim que tem início uma palestra sobre a Verdade, e acabam sem ouvi-la.

Ler em voz alta os livros sobre a Verdade

Agora que o Grupo Happy Science é bem maior, não me envolvo diretamente nas atividades diárias e não fico mais sabendo dos detalhes, mas, no início, eu via que algumas pessoas tinham dificuldade em compreender meus livros. Comentavam que, apesar de reconhecerem as palavras impressas e conseguirem ver

• Medidas básicas para superar perturbações espirituais •

o que estava escrito, não eram capazes de absorver seu significado. Algumas diziam que, mesmo depois de ler várias vezes meus livros, simplesmente não eram capazes de entender ou absorver o conteúdo, e outras afirmavam ter dificuldade para ler o texto porque as letras pareciam tremer. É o mesmo problema que acabei de expor, das pessoas que não conseguiam ouvir minha palestra. Isto é, também há casos de pessoas incapazes de ler meus livros.

Há pessoas que simplesmente odeiam ler e não conseguem ficar muito tempo lendo algum material extenso e sério. Eu sou o oposto: tenho dificuldade para ler os romances populares atuais. É que não consigo entender o que os escritores de hoje estão querendo dizer – suas histórias não são muito claras e não fazem sentido para mim, e não tenho ideia de qual é o propósito ou a mensagem daquilo que escrevem.

Em suma, há aqueles que não conseguem ler nenhum livro publicado pela Happy Science. Se você suspeitar que uma dessas pessoas está sob efeito de uma perturbação espiritual, peça que leia em voz alta apenas uma página de um livro meu como *As Leis do Sol*[11] ou *O Renascimento de Buda*[12]. Basta fazê-la ler uma ou duas páginas para você saber se ela está com

---
11 *As Leis do Sol* (São Paulo: IRH Press do Brasil, 2a ed., 2015).
12 *O Renascimento de Buda* (São Paulo: IRH Press do Brasil, 2017).

alguma perturbação espiritual. Se ela estiver sob uma influência espiritual negativa, logo será incapaz de ler em voz alta. Essas pessoas não conseguem ler meus livros, e não têm condições de ouvir minhas palestras. Geralmente é fácil chegar a uma conclusão, porque é comum elas passarem a agir de modo violento ou adotar um comportamento estranho.

Visitar um templo local da Happy Science

Essas pessoas também resistem a ir até um dos templos da Happy Science. Quando alguém diz que tem medo de cruzar a porta e entrar em algumas das filiais da Happy Science, não é porque tenha cautela em relação às religiões em geral, e sim porque alguma perturbação espiritual o faz hesitar. Por exemplo, quando uma pessoa se filia à Happy Science e convida membros da família para uma visita a um dos templos locais, há alguns que resistem. Às vezes, é porque são impedidos por sua disposição natural ou por seu ceticismo intelectual, mas em muitos casos é porque trazem um espírito possessor que tem aversão a entrar ali.

Isso pode ocorrer até mesmo em certos templos ou santuários tradicionais locais japoneses, que nada têm a ver com as minhas palestras ou livros. De uns tempos para cá, um número crescente de peregrinos

• MEDIDAS BÁSICAS PARA SUPERAR PERTURBAÇÕES ESPIRITUAIS •

tem visitado minha cidade natal, Kawashima, na Prefeitura de Tokushima. Eu frequentei a Escola Maternal do Leste de Kawashima, situada na encosta que se estende do Santuário Kawashima até Torii, seu portão mais exterior. Não sei muita coisa sobre o deus consagrado no Santuário Kawashima, e acredito que não seja uma divindade muito conhecida. No entanto, trata-se de um santuário decente, com um sacerdote xintoísta residente, e é provável que tenha algum poder espiritual. Na minha infância, ouvi minha mãe contar a seguinte história sobre o Santuário Kawashima.

Em Tokushima, a maioria das pessoas acredita na existência de uma entidade canina que às vezes se apodera de pessoas vivas. Um dia, uma velha vizinha nossa, que parecia ter sido possuída pela divindade canina, foi levada até o Santuário Kawashima. Depois de atravessar o portão Torii, ela de repente ficou de quatro e começou a andar desse jeito. Não sei ao certo se o Santuário Kawashima tem mesmo esse poder espiritual todo, mas talvez a divindade canina que possuiu a mulher fosse similar aos espíritos animais e simplesmente não quisesse ser levada diante de uma "divindade" verdadeira. Já ouvi diversas histórias como essa sobre fenômenos espirituais; portanto, talvez esse santuário tenha mesmo algum poder.

Ouvir o CD com minha recitação de As Palavras da Verdade Proferidas por Buda

Acredito que todas as pessoas da Happy Science que têm sensibilidade espiritual ouvem regularmente o CD[13] no qual recito nosso sutra básico, *As Palavras da Verdade Proferidas por Buda*. É provável que ouçam também minhas palestras em CD várias vezes. Quando suspeitam que possam estar sob influência de alguma perturbação espiritual, costumam lutar contra isso ouvindo o CD com *As Palavras da Verdade Proferidas por Buda* ou alguma das minhas palestras em seus fones de ouvido, durante a noite.

CD com *As Palavras da Verdade Proferidas por Buda*, em inglês

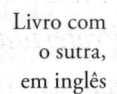

Livro com o sutra, em inglês

Claro, isso é muito eficaz para afastar maus espíritos e demônios. Se a perturbação espiritual não

---

13 CD disponível em inglês; livro de oração disponível em inglês com tradução para o português nos templos da Happy Science. (N. do E.)

estiver muito arraigada, a simples audição do CD *As Palavras da Verdade Proferidas por Buda* ou de alguma das minhas palestras será suficiente para expulsá-los. No entanto, isso é mais difícil quando a alma do indivíduo já está muito deteriorada ou assumiu uma conformação maligna, que é o que ocorre quando a pessoa possuída e o espírito possessor passam a compartilhar as mesmas qualidades numa medida considerável. Se a mente da pessoa já estiver afetada, como se fosse um alimento com prazo de validade vencido, ela começará a atrair "moscas", e elas não irão embora por mais que tente afastá-las. A razão é que a parte deteriorada da alma continua atraindo moscas. Nesse caso, tocar o CD *As Palavras da Verdade Proferidas por Buda* não será suficiente para expulsar as "moscas" atraídas pelo "alimento deteriorado".

Digo isso com base nas minhas experiências e no conhecimento das diversas situações; às vezes, o exorcismo realmente não funciona, porque uma parte considerável do "interior" da pessoa já se deteriorou. É semelhante ao que acontece com uma obturação dentária. Pode-se reparar a cavidade removendo o que está cariado e depois cobri-la com ouro ou resina, mas se a deterioração progredir sob essa cobertura e o dente tiver sua raiz comprometida, será preciso tratar de novo toda a área afetada.

Alternativas para quem não consegue praticar a autorreflexão

Infelizmente, aqueles que estão sob severa perturbação espiritual não têm condições de praticar a autorreflexão, pois nem sempre conseguem se lembrar de seus pensamentos ou daquilo que fizeram. Às vezes, também, eles sentem pena de si mesmos ou sucumbem facilmente à negação de si, e resistem muito a qualquer introspecção. Por isso, na maioria das vezes não conseguem praticar a autorreflexão.

Se a pessoa é capaz de fazer uma autorreflexão quando aconselhada a isso, então é porque sua condição não é tão grave; ouvir o CD *As Palavras da Verdade Proferidas por Buda* provavelmente será suficiente para expulsar os maus espíritos que a possuem. Porém, quando a pessoa está profundamente invadida por maus espíritos, é incapaz de refletir sobre os próprios pensamentos e atos; assim, fica culpando os que estão ao seu redor e teima em achar que não tem problema nenhum.

Nesses casos, ouvir uma de minhas palestras ou tocar o CD de nosso sutra não será suficiente para expulsar maus espíritos. É que a mente dos que estão afligidos já está sintonizada demais com a mente dos maus espíritos, e por isso fica muito difícil expulsá-los. Essas pessoas costumam ficar repetindo: "Não é culpa minha, a culpa é de fulano. As circunstâncias todas estavam contra mim. A culpa é das pessoas que me cercam". É comum que culpem os outros ou as circunstâncias. Trata-se de uma fraqueza humana; todos temos esse traço em algum grau. Pessoas muito sensíveis, por exemplo, sempre alegam isso para não se sentirem magoadas. Outras acham que estão sendo injustiçadas sempre que suas opiniões ou ideias não são aceitas. Portanto, todo mundo experimenta sentimentos parecidos.

A questão é ver se esses sentimentos estão dentro de uma faixa razoável, comumente aceita, ou se são exagerados. Algumas pessoas mostram muita convicção ao defenderem as próprias ideias e agem com base em suas firmes crenças, assumindo postos de liderança. Por outro lado, existem aquelas que são como casas velhas com alicerces corroídos, que dificilmente conseguem suportar um tufão ou furacão. Mesmo que sejam tomadas algumas medidas para proteger a parte externa da casa, não será fácil impedir que ela desabe se estiver com os alicerces comprometidos. Em tais casos, haverá uma batalha acirrada.

Por isso, existem situações nas quais você não consegue salvar a pessoa, por mais que se esforce com o exorcismo. Às vezes já é tarde, pois a pessoa passou tempo demais submetida àquela má influência espiritual. Na maioria dos casos, são indivíduos que vêm sendo contaminados desde a infância, que cresceram num ambiente familiar cheio de maus espíritos e com os próprios pais apresentando essa tendência de pôr a culpa nos outros e em fatores externos. A criança será naturalmente afetada por isso, e é provável que entre em conflito com os pais; com uma influência desse tipo, a maioria torna-se incapaz de praticar a autorreflexão.

Ao lidar com pessoas que não gostam de aceitar obrigações morais e se recusam a praticar a autorreflexão, você pode pelo menos oferecer-lhes algum conhecimento da Verdade, para que tenham no que pensar. Isso é importante. É impossível uma pessoa aprofundar seus pensamentos se não tiver nenhum material sobre o qual possa refletir; desse modo, é preciso dar-lhe coisas que possa examinar e que a ajudem a aprofundar um pouco mais seus pensamentos, de maneira bem gradual.

Também é difícil lidar com aqueles que não conseguem ouvir minhas palestras ou ler meus livros. Nesses casos, um recurso mais fácil é oferecer-lhes palavras simples de sabedoria ou conselhos indiretos. Talvez sejam as únicas medidas que você possa tomar. Há pessoas que só podem ser ajudadas quando passam por algum problema terrível, fracassando tristemente, como quem cai de cara no chão. Algumas não mudam nem assim, mas outras certamente ganharão

• Medidas básicas para superar perturbações espirituais •

um pouco mais de consciência a respeito de seus erros a partir de uma experiência como essa.

Tendências das pessoas cuja alma se origina no espaço exterior

Embora isso possa não ter relação direta com as perturbações espirituais, descobri algumas características das pessoas cuja alma é proveniente da constelação das Plêiades[14], por meio das minhas várias *leituras espirituais de extraterrestres*[15]. No aglomerado das Plêiades há várias estrelas, e não estou certo se todos os seres que vêm de lá possuem as mesmas características. Não obstante, segundo as análises que fiz de várias almas originárias das Plêiades, a sociedade de onde provêm parece estar baseada em um sistema de classes.

Não posso fazer uma afirmação definitiva, mas parece que sua sociedade é constituída por cerca de 20% de uma classe alta e 80% de pessoas que

---

14 As Plêiades são um aglomerado de estrelas na constelação de Touro. Ali residem humanoides que são fisicamente semelhantes aos ocidentais. Eles valorizam a beleza e o amor e podem usar magia e poder de cura. (N. do T.)

15 Há pessoas neste planeta que passaram a habitar a Terra vindas do espaço sideral. Okawa possui a capacidade de rastrear as memórias antigas da alma de uma pessoa e invocar sua consciência que costumava viver no espaço sideral. A conversa com essa consciência é conhecida como "leitura espiritual de extraterrestres". Também existem pessoas do espaço que estão visitando a Terra em óvnis, e a conversa com esses seres do espaço é chamada de "leitura de óvnis". Okawa também realiza "leitura de óvnis". (N. do T.)

trabalham para sustentar essa classe. É assim que a sociedade parece funcionar ali. Quase todos os pleiadianos que se manifestam em nossas leituras espirituais de extraterrestres pertencem a esses 20% da classe alta, e não encontrei muitos da classe que lhes dá apoio. Portanto, corremos o risco de formar uma ideia equivocada das estrelas das Plêiades ao basearmos nossa informação quase exclusivamente nas pessoas da classe superior.

Mesmo assim, uma coisa é certa a respeito do sistema social das Plêiades: trata-se de uma economia que não se baseia no dinheiro. A impressão é que eles não têm essa noção de que as pessoas precisam trabalhar para serem pagas por seu trabalho, nem que devem viver com os recursos extraídos disso. Na realidade, o que determina seu estilo de vida é a classe em que nascem, e os que nascem na realeza ou em famílias do alto escalão acham natural que os outros lhes façam oferendas e paguem tributos. São como os senhores feudais da época medieval; não cuidam da terra, têm agricultores que a cultivam e recebem desses arrendatários parte da colheita, como uma oferenda.

Também há pessoas como as princesas reais e outras que valorizam o conhecimento acadêmico ou a aparência física. Transportando isso para o contexto atual, é como se julgassem merecer que os outros lhes prestem serviço porque possuem boa bagagem acadêmica e são inteligentes, ou que devem ser tratados de maneira diferenciada por serem muito mais bonitos. É com base nisso que afirmam que os demais devem trabalhar para eles e servi-los. O que nos leva a crer que não devem possuir um sistema econômico baseado no dinheiro.

As pessoas originárias das estrelas das Plêiades chegaram à Terra há muito tempo e se instalaram no Japão e também em alguns outros países. Naquele período, talvez muitos deles alegassem ser deuses. São pessoas com forte tendência a negar o trabalho ou qualquer coisa que tenha a ver com finanças. É o que conseguimos depreender sobre seu caráter. As pessoas originárias das Plêiades tendem a dar pouco valor à persistência, ao trabalho duro e ao esforço. Também há dentre elas pessoas com muita autoconfiança, que não praticam a autorreflexão e fazem questão de ser tratadas de maneira diferenciada.

Ao que parece, existe ainda um outro tipo de pessoas originárias das Plêiades, que desenvolveram uma tendência similar à da raposa, e se orgulham de saber ludibriar as demais. No folclore japonês existem muitas histórias de raposas e guaxinins que se dedicam a aplicar truques. Não fica claro se partem de fatos reais, porque hoje não vemos raposas nem guaxinins aplicando truques nas pessoas, e os velhos contos folclóricos são uma mistura de histórias de fontes diversas. Na realidade, esses relatos poderiam se referir a espíritos fantasmagóricos de animais, ou a espíritos humanos que teriam caído no Inferno das Bestas e passaram a se apossar de raposas ou guaxinins para enganar os outros. É possível também que os pleiadianos de caráter astucioso tenham se transformado em raposas, e que as pessoas não ortodoxas oriundas da estrela Vega[16] tenham virado guaxinins. As pessoas de Vega têm o poder de se transformar, e algumas mostram ter uma natureza perversa, cometendo fraudes, armando ardis e praticando maldades. De qualquer modo, vale a pena destacar que certas almas possuem tendências desse tipo.

Dentre as pessoas originárias das Plêiades, as que têm boa aparência ou são muito inteligentes ou pertencem a famílias de elite tendem a se tornar *tengus*[17] (*goblins* de nariz comprido) e a ficarem cheias de soberba. Algumas pessoas da estrela Vega alimentam más intenções no coração e podem também se mani-

---

16 Vega é a estrela mais brilhante da constelação de Lira. As pessoas de Vega podem mudar sua aparência à vontade, dependendo do ser com quem fazem contato. Para elas existem três gêneros: masculino, feminino e neutro. Sua tecnologia científica é altamente avançada e elas possuem poder de cura. (N. do T.)
17 Os *tengus* são criaturas fantásticas de nariz comprido, do folclore japonês, que habitam florestas e montanhas. Acredita-se que possuíam poderes sobrenaturais como a capacidade de mudar de forma e teletransporte; gostam de pregar peças e causar desordem. Os *goblins* são criaturas geralmente verdes, semelhantes aos duendes, que se divertem fazendo brincadeiras de mau gosto. (N. do E.)

festar como *tengus*. As originárias da constelação de Andrômeda[18] podem mostrar uma tendência a lutar por justiça, mas, se ficarem inebriadas pelo próprio poder, acabam também virando *tengus*. As da constelação de Centauro[19] sentem muito orgulho de sua inteligência e das noções avançadas de ciência que possuem, por isso muitas delas tendem a valorizar o conhecimento científico ou então a desenvolver um pensamento materialista. Algumas pessoas mostram essas instabilidades em sua alma, e sua crença mais essencial não está de acordo com os ensinamentos da Happy Science; desse modo, é importante estar atento também a essas possibilidades.

---

18 Andrômeda é uma galáxia espiral que fica por volta de 2,5 milhões de anos-
-luz da Via Láctea. É cerca de duas vezes maior que a Via Láctea. Dizem que a
galáxia de Andrômeda está se movendo agora em direção à Via Láctea a mais
ou menos 100 km/s, e espera-se que colida com a Via Láctea daqui a 4,5 bilhões
de anos. (N. do T.)

19 Centauro é uma "estrela da inteligência", onde a tecnologia científica é altamente avançada. Até agora, a leitura espiritual de extraterrestres de Okawa confirmou Alpha Centauri, Beta Centauri e Theta Centauri. Dizem que várias espécies de seres do espaço habitam a constelação. (N. do T.)

As técnicas enganosas usadas pelos demônios e pelas religiões distorcidas

Apenas as pessoas que de fato despertaram espiritualmente são capazes de identificar demônios

Como já descrevi, num exorcismo cristão o exorcista conhece o nome dos demônios. A estratégia básica é obrigar o demônio obsessor a dizer o próprio nome quando o exorcista pressiona um crucifixo contra o corpo da pessoa possuída e esparge água benta nela e lê a Bíblia em voz alta. Quando consegue fazer o demônio revelar o próprio nome, praticamente metade do trabalho de exorcismo está feito, porque um demônio sempre foge ao ter seu nome revelado. Esse é o fundamento lógico do exorcismo cristão.

Isso é verdadeiro só até certo ponto. Voltando ao exemplo dos contos folclóricos japoneses, os es-

• MEDIDAS BÁSICAS PARA SUPERAR PERTURBAÇÕES ESPIRITUAIS •

píritos de um guaxinim ou de uma raposa podem possuir uma pessoa encarnada, e podem também se apresentar de diferentes formas; mas o que acontece quando essa sua travessura é detectada? Por exemplo, na hora em que descobrimos que o que parecia ser uma bela mulher ou um monge budista é na verdade um guaxinim ou uma raposa disfarçados, tais aparições rapidamente voltam à sua forma original. Isso ocorre porque, quando eles têm sua identidade revelada, perdem na hora o poder espiritual e só lhes resta fugir, não têm mais como permanecer. Às vezes, é exatamente isso o que acontece; desse modo, revelar o nome do demônio em certos casos também pode ser eficaz.

No entanto, os demônios conseguem mentir com muita facilidade para as pessoas que ainda não despertaram espiritualmente, ou seja, que ainda não alcançaram a iluminação espiritual. Os filmes sobre exorcismo recorrem a truques inventados, como vomitar sopa de ervilhas e cuspir pregos, mas os demônios são mentirosos hábeis e costumam dizer uma bobagem qualquer. Quando um sacerdote pronuncia em voz alta o possível nome de um demônio, este pode confirmar, mesmo não sendo verdade. Ou seja, o método de revelar nomes é sempre questionável.

Certa vez assisti a uma reportagem de tevê mostrando um padre católico que praticava exorcismos num país da América do Sul. Ao que parece era um padre espanhol e cuidava de várias mulheres que alegavam ter problemas em razão de possessão demoníaca. Num desses exorcismos, ele gritou o nome de um demônio e ordenou: "Saia!", enquanto fazia o corpo da mulher rolar pelo chão.

Só que o lugar era uma típica aldeia rural e é improvável que um demônio notório, desses que constam da lista do Vaticano, se preocupasse em tomar posse da alma de uma simples camponesa. O padre chamou o nome daquele demônio para realizar o exorcismo e afirmou ter conseguido finalmente expulsá-lo, mas, na realidade, os demônios vivem ocupados demais para se envolverem em questões menores. Preferem atacar gente cuja queda tenha impacto maior; nos dias de hoje, o alvo seria alguém muito influente, ou uma pessoa-chave, capaz de desencadear uma série de eventos e causar uma destruição bem maior, e não apenas um transtorno local.

Qualquer pessoa pode ficar doente ou se sentir mal em razão de alguma influência espiritual negativa, mas os indivíduos comuns normalmente não são alvo de um demônio poderoso. Nesse sentido, portanto, a lógica básica do exorcismo cristão – a de que a revelação do nome do demônio leva à sua expulsão – está incorreta. Os médiuns espirituais de nível médio em geral não conseguem detectar que tipo de espírito está possuindo alguém. Os espíritos obsessores mentem muito, e se o médium acreditar neles pode se enganar. Os médiuns espirituais devem sempre preservar a humildade, pois raramente conseguem identificar com precisão o espírito que tomou conta da pessoa. Precisam estar bem familiarizados com os truques e mentiras usados pelos demônios. Muitos médiuns espirituais têm se mostrado incapazes até de dizer se um espírito é benigno ou maligno, e quando acreditam que alguma revelação espiritual que recebem é verdadeira acabam criando os próprios grupos religiosos, e isso serve apenas para desencaminhar outras pessoas. Portanto, por favor, tenha muito cuidado.

Os erros cometidos pelas religiões que enfatizam cerimônias fúnebres ancestrais

Demônios ou maus espíritos às vezes fingem ser um ancestral da pessoa que estão possuindo. Fazem sua aparição afirmando ser um pai ou mãe falecidos, um avô ou avó ou irmão. Há vários grupos religiosos que realizam com frequência cerimônias fúnebres ancestrais – também conhecidas como cultos aos antepassados –, mas muitos deles viraram uma espécie de "fábrica de maus espíritos", atraindo espíritos que não são nem ancestrais nem parentes diretos da pessoa.

Nem preciso dizer que as cerimônias fúnebres realizadas para ajudar os ancestrais a despertar para a Verdade constituem uma prática religiosa importante para aqueles que sinceramente levam a vida dentro dos preceitos da Verdade.

No entanto, essas cerimônias podem criar problemas quando conduzidas por pessoas que no íntimo ainda atribuem a culpa de sua má sorte aos outros ou às circunstâncias. Alguns grupos religiosos dão ensinamentos como: "Você não tem culpa de nada. Seu falecido pai (ou mãe, avô, avó, irmã mais velha, irmão mais novo ou outra pessoa qualquer) ainda anda vagando por aí perdido e é o responsável pela sua má sorte. É essa a fonte da sua infelicidade, mas você pode encontrar a salvação por meio de uma cerimônia fúnebre ancestral"; ou então: "Você precisa cortar os laços cármicos com seu ancestral para alcançar a felicidade".

Existe uma seita budista esotérica que afirma que a pessoa deve romper com o carma de seus ancestrais e para isso tem de recitar determinado sutra por mil dias, fazendo correr um colar budista de contas de oração de uma mão a outra. Ainda há outra dessas seitas que deposita toda a culpa nos pais e diz: "Você deve cortar toda a conexão com o carma de seus pais, pois só assim terá sucesso nos estudos e no trabalho, e encontrará o parceiro de casamento ideal".

Com certeza, há pais dos quais os filhos talvez se envergonhem, porque lhes falta instrução, têm uma aparência descuidada, modos pouco adequados, má reputação ou porque fracassaram na vida de algum modo. Algumas seitas religiosas se aproveitam dessas circunstâncias para dizer, por exemplo: "Seus pais falharam nos negócios porque existe um 'carma de falências' na sua família. Se você se afastar desse carma, terá sucesso em seus negócios", e há indivíduos que são facilmente enganados por esse tipo de argumentação.

Na realidade, não é a existência de um suposto "carma de falências" na família que pode fazer uma pessoa fracassar nos negócios. Não existem carmas desse tipo; o nó da questão é sua maneira de encarar as coisas. O sucesso ou o fracasso do seu negócio dependem de sua maneira de pensar, do seu conhecimento e da sua experiência. Mas é assim que algumas práticas religiosas distorcidas atuam.

O engano das religiões que ensinam o "pensamento centrado apenas na Luz"

Para as pessoas que estão passando por diferentes dificuldades, como uma doença ou morte na família, alguns grupos religiosos pregam: "Todas as ocorrências ruins são sinais de coisas boas que estão por vir.

Talvez você sinta que está enfrentando os piores momentos da sua vida, mas trata-se apenas do processo pelo qual as coisas ruins se dissolvem, a chamada 'química do destino'. Portanto, tudo irá melhorar a partir de agora". Há também um aspecto enganoso nesse tipo de pensamento.

Quando incidentes ruins ocorrem em sequência, na maioria das vezes existem razões para que isso aconteça desse modo; assim, devemos descobrir as causas e removê-las. Dizer apenas que tudo irá melhorar é fazer uma afirmação falsa. Claro, é mais agradável encorajar aqueles que vêm pedir conselho e dizer-lhes que devem se concentrar nos aspectos positivos, que tudo o que está ruim já passou e que agora as coisas só irão melhorar. Mas esse tipo de "pensamento centrado apenas na Luz" é enganoso, e algumas religiões distorcidas abusam desse recurso.

Pontos essenciais para evitar a influência de perturbações espirituais

❖

A abordagem básica é corrigir sua maneira de pensar e seu estilo de vida

Como já dissemos, os cultos aos antepassados podem às vezes ser usados para iludir as pessoas. Algumas dessas técnicas enganosas consistem em dizer às pessoas: "Você será feliz se romper os laços com o carma de seus ancestrais de uma vez por todas" ou "Rejeite seu filho para romper o vínculo pai-filho, e, então, você será feliz". Por favor, não seja enganado por essa conversa.

O melhor princípio básico é concentrar seus pensamentos na direção certa e corrigir sua vida todos os dias. Isso é o mais importante. Em termos bem simples, significa fazer uma boa ação todos os dias e dizer apenas palavras positivas. Se você cometeu algum erro nos seus relacionamentos, admita esse erro e peça desculpas por ele, caso não seja tarde demais. Reflita sempre sobre seus pensamentos e atos e faça as correções necessárias.

Se, por exemplo, você tiver intimidado ou ameaçado alguém, peça desculpas pela sua atitude equivocada e por seus pensamentos distorcidos. Ou então, se sentir remorso por ter mentido ou culpado alguém pelos erros que você cometeu no trabalho e causaram problemas à sua companhia, confesse-os honestamente e peça desculpas do fundo do coração. Se fizer isso, os maus espíritos não vão poder continuar a possuí-lo por muito tempo. Isso talvez pareça um sermão a respeito de comportamento moral básico, mas meu conselho é que você comece por essas ações simples.

Recitar o sutra básico da Happy Science, *As Palavras da Verdade Proferidas por Buda*, e ouvir minhas palestras são medidas efetivas, mas só se você voltar sua mente para uma boa direção, determinado a se reconstruir e se afastar da negatividade. Mas se, ao contrário, o que você procura é uma mera saída para se salvar ou se estiver apenas tentando resolver dificuldades espirituais por motivos egoístas, infelizmente a salvação em muitos casos não será possível.

Quando a pessoa está possuída por maus espíritos, costuma abusar verbalmente dos outros e falar mal deles; põe sempre a culpa em alguém e não reflete sobre si mesma. Pior ainda, como já mencionei, aqueles que estão possuídos por demônios têm uma linguagem obscena e vulgar, usam palavrões e condenam as ações dos sacerdotes. Tentam com isso atingir a mente deles, tirá-los do sério e atrapalhar sua concentração. Vale a pena ficar atento a essas características.

Em minhas recentes pesquisas sobre extraterrestres, constatei casualmente que concentrar a mente é essencial também para esses seres. Parece que, quando perdem a concentração, a nave espacial que pilotam corre risco de se acidentar. O funcionamento dos óvnis na realidade é bem mais simples do que o das nossas naves espaciais. Seus sistemas mecânicos estão intimamente ligados à atividade mental e à concentração dos pilotos, e seus equipamentos foram criados para que tenham boa sintonia com os comprimentos de onda da mente dos pilotos. Em outras palavras, os óvnis são operados telepaticamente. Como operam em sintonia com os pensamentos dos pilotos, os óvnis podem até se acidentar se os pilotos sofrerem alguma perturbação espiritual. Se não se sentem bem e desembarcam da nave, esta não consegue mais voar. Assim, a concentração da mente também é uma capacidade muito envolvida na ciência do futuro. Vale a pena levar isso em consideração.

Mude sua mente para ficar totalmente livre de possessões espirituais

Este capítulo tratou de conhecimentos básicos sobre as perturbações espirituais e incorporou alguns tópicos novos. Quando a pessoa se sente satisfeita por ter adquirido mais experiência e considera que já alcançou um nível mais alto, ela tende a negligenciar os esforços básicos. Portanto, lembre-se sempre dos propósitos que moveram você inicialmente.

Não conseguir ler os livros sobre a Verdade Búdica, ver qualquer um dos DVDs ou escutar os CDs das minhas palestras, bem como não tolerar a recitação dos sutras da Happy Science ou ouvi-los, são alguns exemplos de indícios que alertam sobre a possessão. Nessas horas, a pessoa sente uma forte resistência a essas coisas, tem vontade de se afastar delas, de tampar os ouvidos ou, então, tem dificuldade para pegar no sono à noite. Se você notar algum desses sinais, por favor cuide-se. Talvez não consiga mudar a situação com rapidez, mas faça todo esforço para ir encaminhando as coisas aos poucos numa boa direção.

Também é importante ter o hábito de visitar um templo local ou *shoja* da Happy Science. Algumas pessoas talvez prefiram estudar a Verdade por conta própria em casa, mas com isso podem acabar virando praticantes autodidatas. Trocar ideias com outras

• Medidas básicas para superar perturbações espirituais •

pessoas que estudam a Verdade e aprender com os conselhos delas também é muito importante.

Outra recomendação é que você assista a algumas das minhas palestras. Então, poderá descobrir por si mesmo se está ou não sob a influência de alguma perturbação espiritual. Durante minha palestra, se você sentir a Luz batendo direto no fundo do seu coração, é sinal de que está voltado na direção correta. No entanto, se perceber algo cobrindo seus ouvidos e impedindo-o de ouvir a palestra ou sentindo-se isolado, como se estivesse no meio de alienígenas, ou ficando irrequieto, é provável que esteja possuído por algum espírito negativo. Se por acaso cair no sono durante minha palestra e no seu nariz se formar uma bolha de secreção, talvez seja um sinal de algo mais sério.

De qualquer modo, examine sempre a possibilidade de estar sob algum tipo de perturbação espiritual toda vez que não conseguir ouvir com clareza ou compreender direito aquela parte crucial da palestra que toca mais a sua sensibilidade. Desse modo, será capaz de testar isso por si mesmo; portanto, recomendo que compareça sempre que possível às minhas palestras.

Claro, o poder da minha palestra pode às vezes "soprar para fora de você" algum espírito possessor. Minha fala tem o poder de produzir esse benefício, mas o espírito obsessor acabará retornando, a não ser que você mude sua mentalidade. Essa é sua natureza, e a lei da inércia continuará operando até você corrigir seu modo de pensar. Um trem em alta velocidade, por exemplo, não para de repente quando você aciona todos os freios; ainda segue adiante algumas centenas de metros. Do mesmo modo, as tendências da nossa mente não cessam de uma hora para outra. É assim que funciona.

Isso conclui a mensagem sobre as medidas necessárias para superar a perturbação espiritual. Espero que você faça um bom uso desse conhecimento.

Capítulo Três

O verdadeiro exorcista

O poder para finalmente triunfar sobre o diabo

1

Poucas pessoas são capazes de ensinar o verdadeiro exorcismo

São muitos os que precisam despertar para o correto caminho

Como o título deste capítulo indica, vou falar sobre a maneira de se tornar um verdadeiro exorcista, um mestre capaz de exorcizar o mal. Já abordei esse assunto outras vezes e publiquei alguns livros no Japão. Também dei uma palestra em inglês com o mesmo título, "O verdadeiro exorcista", traduzida para o japonês (pela Happy Science). Acho necessário tratar sempre desse assunto porque há variações, e podem surgir confusões e mal-entendidos diante dos diferentes tipos e formas de possessão espiritual envolvidos.

Não são muitas as pessoas capazes de ensinar exorcismo. No cristianismo, sabemos que Jesus exorcizou demônios; mas, pelos 2 mil anos seguintes, acho que ninguém conseguiu ensinar essa prática corretamente. Mesmo assim, parece que acabou se firmando um ritual para isso, com base no sucesso de alguns exorcistas em expulsar demônios. Nos filmes de terror e outros sobre exorcismo que são produzidos no Ocidente, vemos que existe um estilo consolidado. Mas duvido que haja uma boa compreensão das verdades que estão por trás do exorcismo.

O mesmo pode ser dito em relação ao budismo. Alguns monges podem ter entendido bem como o exorcismo funciona, mas outros, não. O fundador da seita budista Shingon[20], Kobo-Daishi Kukai (774-835), por exemplo, entendia bem de exorcismo. Sabia expulsar ou render maus espíritos e demônios. Talvez entendesse também o tipo de disciplina e de iluminação que é necessário ter para fazer isso. No entanto, outros monges recorriam a métodos fáceis e pareciam não compreender bem o mecanismo. É difícil julgar o exorcismo dentro de uma perspectiva histórica.

Em contextos modernos, alguns grupos religiosos estabelecidos mais recentemente costumam sofrer certa rejeição. A Happy Science não é exceção, e às vezes temos sido alvo de críticas. Uma das razões da rejeição do público às chamadas "novas religiões" é que alguns de seus seguidores passam por mudanças

---

20 Geralmente chamada de "budismo esotérico japonês", a seita Shingon ("verdadeira palavra") é uma das maiores escolas budistas japonesas, cujos ensinamentos são baseados em textos esotéricos. (N. do E.)

negativas. Quando uma religião recebe de fato seu poder dos anjos, de Deus ou de Buda, ela emana uma atmosfera sagrada ou purificadora. Porém, algumas pessoas, depois que entram para determinado grupo religioso e participam de suas atividades, mostram mudanças negativas no seu comportamento ou no seu caráter. Em muitos casos, são aconselhadas pela família e por amigos a abandonar aquela religião.

Também há grupos religiosos que ficaram totalmente presos a uma rede de demônios. Alguns desses grupos são organizações de grande porte e infelizmente quase não há esperança de que possam ser salvos. Certos grupos, com centenas de milhares ou mesmo milhões de seguidores, caíram nas mãos de demônios. Como têm muitos fiéis, possuem até áreas específicas no inferno reservadas para seus seguidores, que é para onde vão após a morte. Não é fácil resgatar essas pessoas.

Enquanto em vida, você tem a chance de escolher trilhar o caminho correto ou o caminho errado, e é essencial que mais pessoas despertem para o correto caminho.

Locais onde é provável que haja espíritos errantes

Espíritos errantes criam problemas quando se demoram muito tempo na Terra

No filme da Happy Science *Twiceborn*[21] há uma cena em que o personagem principal vence um demônio e alcança a iluminação. Mas, na realidade, é muito difícil exorcizar demônios.

Muitas pessoas não creem na existência do outro mundo, nem se dão conta de que são sensíveis ao mundo espiritual. Tendem a olhar para os assuntos espirituais com certo desdém. Entre elas há cientistas e médicos, filósofos e profissionais que trabalham no mundo dos negócios. Para a maior parte da sociedade, as questões espirituais são apenas "histórias ridículas". Porém, o fato é que o poder dos espíritos está sempre em ação.

---

21 Produção executiva e roteiro original de Ryuho Okawa, a ser lançado no segundo semestre de 2020 no Japão. (N. do A.)

As pessoas falecidas que estão com a alma confusa e não sabem para onde ir após a morte são chamadas de "espíritos errantes". Num sentido mais amplo, podemos classificá-las como "maus espíritos", que não conseguem voltar para o céu e ficam vagando pela Terra. Quando tais espíritos se demoram muito tempo por aqui, começam a causar perturbações. Como não têm conhecimentos sobre o mundo espiritual e nem sequer acreditam em vida após a morte, não sabem para onde ir. Por isso, ficam em volta de familiares, amigos e conhecidos do trabalho, ou continuam na casa onde moravam ou em alguns lugares específicos. Isso dá origem a vários fenômenos espirituais e causa infortúnios aos envolvidos. São incidentes que ocorrem com bastante frequência.

Espíritos errantes vagam por determinados locais ou abordam membros da família

Um traço comum aos filmes de terror japoneses e ocidentais com cenas de exorcismo é mostrar maus espíritos assombrando uma casa. Um mau espírito que tenha alguma ligação com certo lugar irá se manifestar e perturbar as pessoas que vivem ali. Um clichê típico é o de uma família que se muda para uma casa e, então, passa a ter um de seus membros ou vários deles assediados por um mau espírito. Em geral, a residência é habitada pelo espírito de alguém que foi assassinado ou teve uma morte trágica ali; é um espírito que ainda está perdido, vagando, e se sente apegado àquele lugar.

Em comparação com os filmes japoneses, os filmes ocidentais parecem ter maior número de histórias envolvendo casas, talvez pelo caráter mais permanente das moradias ocidentais. No Ocidente, há muitas habitações de pedra, robustas, que duram mais de cem anos, algumas até duzentos, e as construções mais antigas costumam ter maior valor. Se um local é considerado "assombrado", seu valor pode até aumentar.

Nos Estados Unidos, um país relativamente novo, as "casas assombradas" são vistas como pontos históricos e tradicionais, e mais valorizadas, dependendo, é claro, do gosto do comprador. Na Inglaterra, dizem que na maioria dos castelos há fantasmas, e os preços também são mais elevados para esses locais assombrados. Já no Japão, as construções têm duração bem mais efêmera e é raro ver casas antigas. Provavelmente é por isso que existem menos histórias envolvendo casas em comparação com o que ocorre no Ocidente. Mesmo assim, há algumas moradias em lugares específicos onde ocorreram suicídios ou assassinatos.

No Japão e em outros países, é comum que um visitante seja abordado pelo espírito de uma pessoa falecida quando se hospeda num hotel onde tenha ocorrido um assassinato ou suicídio. A pessoa pode ser possuída por um espírito que está ali por sua ligação com o lugar. O mesmo pode ocorrer em escolas. Por exemplo, se um estudante foi morto ou cometeu suicídio por causa de *bullying* ou de algum abuso físico, seu espírito às vezes fica perambulando pela escola, porque o aluno não tinha nenhum conhecimento sobre a vida após a morte ou porque seus pais não puderam orientá-lo após seu falecimento. Ele segue adiante como criança e tenta influenciar outros alunos com uma mentalidade semelhante à sua, e que também tenham sido intimidados, para que tenham vontade de cometer suicídio. Tais espíritos realmente existem, e as histórias sobre fantasmas que assediam escolas costumam conter relatos desse tipo. São espíritos associados a um lugar específico.

Os espíritos falecidos dos membros da família podem também se tornar espíritos errantes, e é difícil evitar que abordem as pessoas. Por exemplo, se um membro da família morre – um dos pais, um avô ou uma avó ou um irmão – e seu espírito fica perdido, ele irá procurar ajuda com os membros da família enlutados. Poderá vir até eles porque tem conhecimentos sobre o outro mundo e quer ser salvo, ou porque não tem nenhuma ideia a respeito e não sabe para onde ir. Todos possuímos alguma sensibilidade espiritual; por isso, às vezes podemos sentir uma sensação desagradável quando um membro falecido da família se torna um espírito errante e começa a nos assediar. Você pode também sentir que é evitado pelos outros ou que seu trabalho não está indo bem.

Há muitos casos desse tipo; então, devemos cortar a fonte de suprimento dos espíritos errantes. É por esse motivo que eu ensino: "Os espíritos humanos vivem originalmente no céu, no outro mundo, mas nós acabamos escolhendo nossos pais para poder viver neste mundo. Vamos levando nossa vida na Terra e, dependendo dos pensamentos e atos que tivermos ao longo de nossa permanência aqui, nossa vida será julgada como boa ou má, e isso irá determinar nosso destino após a morte. É esse o sistema que está em vigor". Mas, como as pessoas não são capazes de ver ou tocar o outro mundo, o chamado "mundo espiritual", elas têm dificuldades para acreditar nele.

Espíritos que aparecem nas sessões do tabuleiro Ouija

Os enredos de alguns filmes no Ocidente mostram o chamado tabuleiro Ouija[22]. Nesses filmes, os perso-

---

[22] O tabuleiro, também conhecido como tábua Ouija, é um método para se comunicar com os mortos, composto por uma tábua ou outra superfície plana

nagens tentam se comunicar com espíritos por meio de um tabuleiro, mas enquanto jogam essa espécie de jogo, em que são indicadas letras num tabuleiro a fim de formar palavras, os jogadores acabam possuídos por um demônio. São bastante comuns os enredos que incluem esse tipo de história. No Japão, há uma atividade semelhante chamada "Kokkurisan"[23], mas os seres que aparecem nesse jogo costumam ser espíritos de animais, e é raro que demônios poderosos venham possuir um dos jogadores. No Ocidente, os porões de algumas casas podem ter sido usados para rituais de invocação de espíritos dos mortos, e às vezes os espíritos errantes que têm alguma conexão com aquele lugar ainda rondam por ali e guiam os demônios para que entrem em alguma pessoa.

De início, um espírito errante ou o mau espírito, seja de um membro falecido da família ou de alguém que tinha uma ligação com o lugar, pode vir e possuir um dos participantes do jogo. Mas se este for alguém capaz de causar um problema maior na sociedade ou de estender sua infelicidade para os outros, ele pode

---

sobre a qual se depositam letras, números e símbolos e um indicador móvel. Os participantes colocam o dedo sobre esse indicador e fazem perguntas aos espíritos. (N. do E.)

23 O Kokkurisan é um jogo japonês que usa uma moeda e um tabuleiro com sílabas japonesas e números impressos, o símbolo do portão Torii e as palavras "sim" e "não". (N. do T.)

ser abordado por um demônio bem mais forte e utilizado por ele como ferramenta ou "arma eficaz". Se pessoas fascinadas por assuntos espirituais se envolvem ingenuamente com essa área, podem atrair cada vez mais espíritos. E, à medida que seu interesse se aprofunda, demônios "mais fortes" vão "despertando" e surgindo. É algo que precisa ser encarado com muita cautela.

Nas escolas, as crianças podem brincar de "Kokkurisan": elas colocam o dedo sobre uma moeda que funciona como indicador e descobrem que a moeda se move e cria alguma mensagem. No entanto, durante a brincadeira, às vezes as mensagens podem de uma hora para outra ficar mais sombrias e soletrar palavras como "morte" ou "pule pela janela", e isso assusta muito as crianças. Tais incidentes às vezes são noticiados nos jornais. Por isso, esse jogo vem sendo proibido nas escolas.

O princípio da possessão espiritual e as situações reais em que se manifesta

Os espíritos do inferno vêm possuir pessoas que tenham um modo de pensar semelhante

Há diferentes tipos de espíritos que vêm possuir as pessoas, mas aquelas que estão envolvidas em atividades religiosas podem ser alvo não só dos espíritos de membros da família falecidos e de conhecidos, como de demônios de verdade. Na realidade, enfrentamos inimigos de diversos tipos. E há uma grande batalha em andamento para tomar o controle do mundo terreno, que é a batalha entre o céu e o inferno.

Do ponto de vista do inferno, o mundo na Terra parece um mar com crianças brincando em barquinhos e botes de plástico, e tubarões nadando logo abaixo, em águas rasas. Os maus espíritos são esses tubarões rondando logo abaixo da superfície, aguardando que alguma criança caia do barco. A distância entre o nosso mundo e o mundo do inferno é realmente bem pequena.

Alguns espíritos do inferno, depois de longos períodos ali, transformam-se totalmente em demônios. Os que passaram menos tempo no inferno após a morte – de cinquenta a cem anos – ainda mantêm vínculos com a vida na Terra, e então procuram uma oportunidade para acessar o mundo terreno. Quando encontram alguém cuja mente compartilha traços em comum com a mente deles, acabam possuindo essa pessoa. Enquanto dura a possessão, conseguem aliviar por um tempo o sofrimento do inferno e satisfazer a vontade de viver como humanos.

Em geral, os maus espíritos não possuem uma pessoa por muito tempo – só algumas horas por dia. Se não conseguem possuí-la durante o dia, vêm à noite, enquanto todos dormem. Chegam e assediam a pessoa no meio do seu sono ou ao raiar do dia, e causam uma paralisia do sono ou pesadelos. Podem fazê-la transpirar de nervoso ou provocar fenômenos sobrenaturais. É uma dura provação para aquele que é possuído.

A razão pela qual os espíritos do inferno vêm possuir pessoas na Terra

Afinal, qual é o sentido dos fenômenos de possessão espiritual? Alguns filmes ocidentais sobre demônios baseiam-se na ideia de que é possível um demônio nascer na forma de um bebê humano, como no filme *O Bebê de Rosemary*[24]. No filme *A Profecia*[25], vemos também um demônio nascer como bebê, trazendo o número 666 gravado na cabeça. No entanto, se os demônios e maus espíritos pudessem entrar no útero de uma mãe e renascer como humanos, não teriam necessidade de possuir pessoas vivas. Ao nascer num corpo físico, já estariam libertos do inferno. Na realidade, porém, isso não é possível, e é por esse motivo que eles vêm possuir pessoas na Terra. Essa é a minha ideia básica em relação à possessão espiritual.

Para um espírito que está no inferno, é muito difícil entrar no útero de uma mãe. Os espíritos não podem renascer na Terra, a não ser que alcancem certo nível de serenidade mental e elevem suas vibrações espirituais até o nível celestial, pelo menos até o nível do Reino Astral[26], na quarta dimensão.

---

[24] Filme americano (título original *Rosemary's Baby*) considerado um clássico do gênero de terror, dirigido por Roman Polanski e lançado no Brasil em 1969. Recebeu vários prêmios, inclusive o Oscar de melhor atriz coadjuvante. (N. do E.)

[25] A versão original desse filme americano (título original *The Omen*) foi dirigida por Richard Donner e lançada no Brasil em 1976. Também se tornou um clássico do gênero de terror. (N. do E.)

[26] O outro mundo, ou o mundo espiritual, é dividido em diferentes níveis, de acordo com o modo de pensar dos habitantes e do seu nível de iluminação. O mundo espiritual da Terra se estende da quarta dimensão à nona. O Reino Astral está localizado na quarta dimensão, e aqueles que ainda mantêm um estilo de vida terrestre, mas têm consciência de si mesmos como seres espirituais, habitam lá. A quarta dimensão também possui uma área chamada de inferno.

É por essa razão que recorrem à possessão espiritual. Se demônios e maus espíritos pudessem entrar em úteros maternos e reencarnar, nasceriam muito mais demônios neste mundo. E, se esse fosse o caso, este mundo seria irrecuperável.

A influência espiritual por trás de alguns casos criminais

Como o inferno está localizado muito perto do nosso mundo, os seres humanos na Terra recebem a influência espiritual dele. Se a sua mente estiver em sintonia com um espírito do inferno, ele poderá possuir você a fim de sentir o gosto da vida terrena.

Há casos de pessoas afetadas por algum distúrbio mental que cometem um crime e depois não se lembram mais disso. São criminosos que não se recordam, por exemplo, do momento em que apunhalaram alguém. É provável que naquela hora a alma da pessoa tenha deixado o corpo físico e dado lugar a um mau espírito. Este, então, apunhalou a vítima e foi embora, e quando a pessoa recuperou a consciência não guardou nenhuma lembrança de ter cometido o crime.

Ver *As Leis da Eternidade* (São Paulo: Cultrix, 2007) e *A verdade sobre o Mundo Espiritual* (São Paulo: IRH Press do Brasil, 2018). (N. do T.)

O julgamento desses casos criminais nos tribunais é feito dentro dos moldes de sistemas judiciários seculares, e é muito difícil chegar a um veredito porque essas são situações que envolvem possessão espiritual. As leis penais podem anular ou reduzir sentenças quando os criminosos são considerados incapazes de assumir a responsabilidade por suas ações – isto é, vistos como mentalmente ineptos para controlar a si mesmos. Os tribunais, então, levam em consideração diagnósticos médicos e avaliações de outros profissionais para poderem tomar sua decisão, de modo que tais casos excepcionais às vezes contam com o aval da sociedade. Porém, dificilmente se pode provar alguma coisa a partir de um ponto de vista religioso, e crimes como esses são sempre muito complicados de julgar.

A dificuldade de julgar aqueles que estão sob influência espiritual

Os indivíduos que estão sob influência espiritual podem ter uma vida normal ou não, e isso depende muito de quem estiver ao seu lado. Por isso, é difícil dizer se são bons ou maus. Se quem estiver próximo da pessoa passar a julgá-la como estranha, ela poderá acabar rotulada desse jeito; mas, se as pessoas próximas tiverem crenças ligadas à espiritualidade, ela poderá contar com algum apoio.

No início da Happy Science, criei um sistema de cadastramento de membros que foi mantido por três anos. Quem quisesse entrar para a Happy Science precisava preencher um formulário; em seguida, eu avaliava caso a caso, para ver se aceitava ou não a filiação. Lembro que um desses formulários era de um homem que se formara em Direito pela Universidade de Tóquio alguns anos antes de eu ter me graduado ali. Na época, ele estava internado num hospital psiquiátrico. Ele escreveu que era casado e tinha emprego, mas ao começar a ouvir vozes de espíritos e experimentar vários fenômenos espirituais, foi considerado mentalmente perturbado pela família e internado num hospital psiquiátrico. Pedia que o ajudasse a sair do hospital.

Talvez ele tivesse me visto como uma pessoa que compartilhava alguma similaridade com ele, mas o fato de ser formado pela mesma universidade não tem qualquer relação com questões espirituais como essa. Em casos assim, as pessoas próximas têm dificuldades para avaliar se a pessoa é saudável ou insana. Quem está sob forte influência espiritual às vezes mostra reações muito excêntricas. Tudo depende bastante da maneira de encarar essas ações, julgando-as como algo errático demais ou vendo nelas algum sentido do ponto de vista empírico.

Exorcismo 1: medidas drásticas que envolvem riscos

Casos assustadores nos exorcismos praticados pelo Vaticano

É verdade que pessoas sob a influência de maus espíritos podem agir de modo violento e produzir sons estranhos, como retratado em filmes com cenas de exorcismo. Elas podem infligir danos a si mesmas e se ferir a ponto de sangrar. Os casos mais assustadores são quando a pessoa ataca os outros, com socos e pontapés, ou agitando um bastão. Essas tentativas de machucar os outros criam situações perigosas.

Quando alguém perde totalmente o controle, quem está à sua volta deve tomar medidas para se proteger. A solução é usar medicações sedativas para manter a pessoa calma, ou procurar alguém que pratique exorcismo nela. Essa última alternativa é possível quando há evidência objetiva de possessão e quando o Vaticano concede uma autorização. No entanto, hoje em dia parece cada vez mais difícil receber essa permissão. De todo modo, o exorcismo às vezes desencadeia uma situação difícil, que envolve violência.

Quando eu estava na faculdade de Direito, estudei o caso judicial de um sacerdote que, ao praticar um exorcismo, teve como resposta uma reação violenta de seu paciente. O sacerdote também recorreu à violência, e acabou levando o paciente à morte. A questão era como o tribunal havia julgado o caso, e a alegação do sacerdote de estar exercendo sua liberdade religiosa. O sacerdote foi considerado culpado, pois, embora o ato de expulsar maus espíritos fizesse parte de uma crença religiosa, fora levado a um extremo exagerado, que resultara na morte do paciente.

Praticar exorcismo, portanto, pode ser arriscado, quando o paciente reage com violência e ataca o exorcista, às vezes como um animal selvagem. Isso significa que o exorcista pode ter de usar a força para dominar o paciente. Os hospitais psiquiátricos, por exemplo, costumam amarrar os braços dos pacientes ou prender o corpo deles a uma poltrona ou à cama, para impedir que façam uso de sua força, às vezes extremada. Alguns filmes que mostram exorcismos praticados no estilo proposto pelo Vaticano também têm cenas nas quais a pessoa possuída é contida por meio de tiras de couro, e isso é porque ela às vezes demonstra uma força extraordinária.

Caso de demônios que falam em línguas estranhas

No Ocidente, os demônios têm grande poder psicocinético, e isso explica por que muitas vezes demonstram uma força física poderosa. Nos filmes sobre exorcismo também há cenas nas quais a pessoa possuída flutua no ar, gruda no teto ou sobe pelas paredes. Nunca testemunhei manifestações desse tipo na vida real, então não posso dizer se são possíveis. O mundo é vasto; portanto, tais coisas talvez ocorram em alguns lugares, mas nunca vi ninguém se mover grudado no teto desafiando a gravidade, ou rastejando escada abaixo como uma lagartixa voltado para cima.

As pessoas possuídas podem machucar a si mesmas, tentar atacar os outros, dizer palavrões ou falar em línguas estranhas – línguas que não dominam. Quando a pessoa fala num idioma que desconhece, pode ser que algum espírito santificado esteja falando por meio dela, mas é possível também que se trate de um demônio. Uma pessoa possuída pode falar em latim, mas nesse caso talvez haja também demônios envolvidos. Desde os tempos romanos até a Idade Média, os indivíduos que tinham vocação para o clero, além de padres e monges, conheciam latim e liam a Bíblia em voz alta nesse idioma ao praticar um exorcismo. Há casos também de demônios que se expressam em latim.

Há uma língua antiga, chamada aramaico, que foi utilizada por Jesus e por muitos de seus discípulos, pescadores das regiões em volta do mar da Galileia. Era a língua da região em que Jesus nasceu, e dizem que era a que ele usava em seus sermões. Eu também posso falar aramaico. Existem relatos de pessoas que se comunicam em línguas estranhas, e com frequência usam o aramaico. Tais fenômenos podem ocorrer.

Há casos de pessoas que se expressam por meio de línguas ainda mais antigas, como as usadas na Mesopotâmia ou no Antigo Egito. De novo, pode ser a manifestação na pessoa de um espírito santificado ou de um demônio poderoso, e não de maus espíritos, já que isso denota bom domínio daquela língua arcaica. Poderia ser ainda um demônio que tivesse sido um alto sacerdote, ou rei ou conselheiro de um rei, que agora detivesse grande poder no inferno. São frequentes os casos de espíritos desse tipo tomando posse de alguém. Para combatê-lo, parece que a Bíblia, o crucifixo e a água benta são insuficientes. É difícil combater maus espíritos que tenham essas características.

Exorcismo 2: medidas defensivas de efeito gradual

Como se proteger de ataques constantes de maus espíritos e demônios

O último método que acabei de comentar é um procedimento feito sob circunstâncias de emergência, mas, quando persiste a possibilidade de acidentes, recomendo uma medida defensiva de efeito mais gradual, como se fosse um remédio homeopático. Consiste em adotar medidas de precaução que sejam seguidas todos os dias. A recomendação de levar uma vida dentro de preceitos morais pode parecer tola hoje em dia, e esse é um aspecto pelo qual as religiões também costumam ser ridicularizadas. No entanto, para se proteger do ataque de maus espíritos e demônios é essencial manter uma vida regrada, baseada numa fé correta. Continue trabalhando e estudando da maneira correta e procure manter sua vida em ordem.

Algumas pessoas acham que muitos dos preceitos budistas exigem demais para quem vive no mundo atual. Há princípios que pedem, por exemplo, para se desapegar do dinheiro ou do interesse por sexo. Outros proíbem mentir, tomar bebida alcoólica e matar ou ferir até os animais. Por isso, as pessoas acham difícil se ater de maneira rigorosa a algumas dessas regras nos dias de hoje. Mas trata-se, sem dúvida, de medidas que trazem benefícios, e constituem uma advertência de que a vida é cheia de armadilhas, que podem levar o indivíduo à destruição de seu caráter e da sua vida.

O álcool e as drogas oferecem risco de comprometer a razão

Entre os preceitos antigos está a proibição de tomar bebidas alcoólicas; porém, no contexto moderno, devemos evitar também o fumo em excesso, os narcóticos, os estimulantes e outras drogas. Embora o Japão ainda adote uma política rigorosa em relação às drogas, os Estados Unidos parecem ter assumido uma postura mais permissiva; até um ex-presidente do país admitiu ter experimentado maconha, e há uma tendência geral de tolerar o uso de drogas. Apesar de terem o efeito de reprimir um pouco a razão e criar um prazer temporário, essas substâncias podem ser muito perigosas. O entorpecimento temporário da razão só serve para deixar as pessoas mais vulneráveis a uma possessão maléfica.

Em bares, por exemplo, há muitos espíritos perturbadores ou espíritos grosseiros rondando, e, se a pessoa bebe demais, pode ser possuída por eles. Por isso, é bom você estabelecer as próprias regras nessas ocasiões, não beber demais e não ficar fora de casa até muito tarde.

Se a pessoa bebe a ponto de perder a noção das coisas, pode sofrer uma mudança radical de personalidade, a ponto de não ser mais reconhecida por aqueles que estão à sua volta. Tem gente que fica tão bêbada que sai pela rua à noite como um vagabundo, e há quem comece a berrar como um doido num parque ou desmaie deitado no banco de uma estação de trem. Essas pessoas ficam momentaneamente sem condições de raciocinar e é bem provável que sejam tomadas por um espírito maligno. Quando alguém está muito alcoolizado, perde o controle de si e fica fácil para os maus espíritos se apoderarem dele.

No passado, quando eu ainda trabalhava numa empresa comercial, precisava sair de vez em quando para tomar alguns drinques depois do expediente e socializar com os colegas. Aprendi com essas experiências que, embora os espíritos superiores normalmente viessem quando eu os invocava, depois de consumir um pouco de álcool, eles nem sempre apareciam e, quando o faziam, eu não conseguia identificar que espíritos eram. Concluí, então, que é perigoso se envolver com fenômenos como receber mensagem espirituais após consumir bebida alcoólica.

O mesmo pode ser dito em relação a drogas, narcóticos e estimulantes. Eles criam artificialmente na pessoa um estado similar ao experimentado por um médium espírita. Na Índia, por exemplo, há muitos iogues que usam drogas, porque elas fazem o indivíduo ter uma experiência psicodélica, uma "viagem". Pode ser uma viagem de verdade até o mundo espiritual na forma de uma vivência fora do corpo, ou apenas ouvir a voz de espíritos.

Experiências desse tipo devem ser essencialmente alcançadas por meio da meditação zen, mas, como isso exige esforço e as drogas são de acesso fácil, as pessoas recorrem ao que é mais fácil. Porém, não se trata de uma opção confiável. É uma questão difícil de julgar, porque algumas antigas religiões costumam estar envolvidas nesse assunto. De qualquer modo, é importante fazermos sempre as correções necessárias para ter o melhor estilo de vida possível.

Conheça as suas "brechas" e procure resolver seus problemas

Quando os maus espíritos ou demônios decidem atacar uma família, procuram sempre descobrir seu ponto mais frágil.

São como os lobos que, ao caçar carneiros, procuram atacar um filhote ou algum membro com a pata machucada ou um que tenha se desgarrado e esteja vagando afastado do rebanho. Do mesmo modo, é mais fácil escolher como alvo as pessoas mais isoladas, que não se adaptaram à cultura de uma organização, ou que não se dão bem com seus familiares.

É assim que os espíritos entram pela porta dos fundos e atacam os alvos mais fáceis, como fazem os ladrões ao invadirem casas. Ficam observando até descobrir algum ponto desguarnecido. Pode ser, por exemplo, uma janela mais fácil de arrombar ou uma porta dos fundos de acesso mais fácil. Podem descobrir uma chave extra escondida na caixa de correio ou debaixo de algum vaso de planta. É assim que conseguem entrar nas casas. Muitos casos de furto ocorrem dessa maneira.

Se eu fosse comparar o corpo humano a uma casa, diria que de início quebra-se uma janela, depois uma porta e, por fim, os alicerces. Então, uma parede desaba ou é possível abrir uma brecha no telhado. Com isso, criam-se várias áreas desprotegidas.

Uma lenda popular japonesa, intitulada *Hoichi, o Desorelhado*, conta a história de um homem chamado Hoichi, que pede a um sacerdote para escrever em seu corpo todo um sutra budista, a fim de protegê-lo dos demônios do clã Heike. Mas o sacerdote esquece de escrever em suas orelhas e elas são amputadas pelos demônios. A história mostra que os maus espíritos e demônios costumam atacar áreas desguarnecidas.

É inevitável que as pessoas tenham preocupações e problemas ao longo da vida. Se você quer saber qual é sua principal preocupação ou brecha, é só verificar qual é a questão sobre a qual pensa mais vezes durante o dia quando não está fazendo nada que absorva muito sua atenção. Isso provavelmente será o que deixa você mais preocupado, isto é, o problema que você não se sente muito capaz de resolver. Aquilo que ocupa sua mente com maior frequência é a sua principal fonte de preocupação. Se um mau espírito ou demônio descobre essa sua preocupação, é por ela que irá entrar na sua mente. Por isso, é importante resolver os problemas que possam ter soluções terrenas, e evitar que se formem brechas. Recomendo enfaticamente que você se esforce para remover essas áreas desguarnecidas, uma por uma.

Não coloque a culpa nos outros ou nas circunstâncias, e procure aumentar sua capacidade de distinguir o certo do errado

Quando você não consegue resolver sozinho algum problema, pode procurar ajuda de alguém com maior visão ou mais experiência e seguir seu conselho. É uma saída possível.

Dentre aqueles que são possuídos sem esforço por maus espíritos, costuma haver pessoas indecisas, que são muito influenciadas pelas opiniões dos outros e, por isso, são facilmente controladas pelo que é sussurrado em seus ouvidos pelos maus espíritos. Nesse sentido, é importante que você se empenhe de maneira consciente para aumentar seu conhecimento e sua experiência, e que ao mesmo tempo desenvolva maior garra e capacidade para julgar o que é certo e o que é errado, usando para isso todas as forças de sua alma. Assim, será menos provável que se torne alvo de maus espíritos.

Se você não cultivar essas habilidades, não conseguirá solucionar aqueles problemas que normalmente seriam resolvidos com facilidade, e deixará que eles adquiram uma dimensão maior, até virarem questões realmente graves. Algumas pessoas têm aptidões práticas limitadas: são indecisas, incapazes de estabelecer prioridades e não sabem distinguir entre questões importantes e trivialidades. Quando precisam arcar com responsabilidades que estão além de sua competência, não conseguem fazer avaliações sensatas e, assim, cometem erros. Isso cria muitas dessas brechas.

Quando essas pessoas são criticadas ou humilhadas, ficam magoadas e são incapazes de pensar em outra coisa a não ser nesses comentários depreciativos. A mente delas, então, se enche de ódio. As pessoas de mente estreita não conseguem assumir responsabilidade pelo que lhes acontece e sempre culpam os outros ou as circunstâncias. Podem culpar, por exemplo, os pais, os irmãos, os professores, seus superiores ou seus colegas de trabalho. Claro, às vezes essas pessoas estão de fato envolvidas na questão; talvez alguma das falhas seja mesmo culpa de alguém que faça parte do círculo da pessoa ou consequência de uma circunstância específica. Porém, como tenho ensinado muitas vezes, é fundamental refletir primeiro a respeito de você mesmo e dar um passo adiante, fazendo tudo o que estiver ao seu alcance.

A ajuda dos outros é sempre bem-vinda, mas tanto para as outras pessoas quanto para os espíritos fica mais fácil ajudar aqueles que já se esforçam para resolver eles mesmos seus problemas. Vale a pena pensar nisso. Talvez você se queixe, por exemplo, de que se sente infeliz porque seu pai foi demitido do trabalho, ou considere que as coisas estão péssimas agora porque sua mãe tem um gênio muito ruim, ou então que os problemas da sua família pioraram porque seu avô causou um acidente de trânsito. Ou você pode ter sofrido *bullying* por parte de um líder cruel da sua classe e não consegue mais frequentar a escola. São muitas as razões pelas quais as pessoas sofrem infortúnios, mas, no final, aquelas que têm maior energia para resistir e resolver as coisas por si mesmas e para recomeçar do zero também têm maiores chances de alcançar a salvação.

A humildade proporciona proteção

As pessoas com algum grau de sensibilidade espiritual às vezes são assediadas por espíritos malignos. Nesses momentos, precisam ter cuidado para não ficar arrogantes por causa dessa sua sensibilidade. É provável que sejam capazes de derrotar espíritos fracos; porém, à medida que continuam envolvidas em expulsar maus espíritos, podem acabar sendo desafiadas por um espírito mais poderoso, além do seu poder de lidar com ele.

Sem dúvida, há um limite para a capacidade de lidar com espíritos, e em algum momento pode surgir um espírito com poder maior. Se nessa hora a pessoa se sentir presunçosa, muito orgulhosa de si, enxergando-se como uma divindade, um Buda ou um espírito elevado, não conseguirá perceber que já se tornou vítima do demônio. É preciso ter muito cuidado com isso.

Eu ensino a importância de ser humilde não só porque se trata de uma grande virtude, mas porque, ao manter a humildade o tempo todo, você também se protege. Portanto, por favor, cultive essa virtude. Com ela, é como se você rastejasse com a barriga rente ao chão num campo de batalha; mantendo a cabeça baixa, apenas dois centímetros acima do nível do estômago, evitaria levar um tiro. Do mesmo modo, ao manter uma atitude humilde é menos provável que seja atingido por fogo inimigo.

Por outro lado, aqueles que rapidamente ficam convencidos ou arrogantes, ou fazem alarde de seus feitos ou habilidades enquanto tomam um drinque numa roda de amigos, podem ser facilmente "abatidos". As pessoas que não veem a si mesmas com objetividade viram alvos fáceis. São como animais que, durante uma caçada, ficam em pé e sem se mexer. São um alvo fácil e se tornam as primeiras vítimas. Recomendo que você avance sempre com cautela e prudência.

6

Por meio da fé, torne-se uno com Deus

O maior trunfo para vencer demônios poderosos

Vencer um demônio não é uma tarefa fácil. Mesmo que de início você se considere capaz, verá que aos poucos demônios cada vez mais fortes irão se manifestar. Isso talvez não seja um fato muito conhecido, porque poucas pessoas já passaram por processos desse tipo, mas você poderá ser derrotado se não tiver fé. Por favor, leve isso em conta.

É equivocado supor que você pode vencer contando somente com sua capacidade. Algumas pessoas que testemunham fenômenos espirituais ocorrendo diante de seus olhos passam a acreditar que têm certo poder mediúnico. Talvez tenham, mas sem uma fé muito sólida em Deus ou Buda, ninguém conseguirá se defender bem. Você precisa se sentir unido a Deus ou Buda. É um erro achar que pode lutar sozinho e vencer. O mestre espadachim japonês Miyamoto Musashi[27] lutou contra dezenas de inimigos apenas com uma espada, mas não é assim que as coisas normalmente funcionam.

Veja, por exemplo, o filme *Constantine*[28]. Não estou certo se podemos considerá-lo de fato como um filme de terror, mas seu enredo envolve o mundo espiritual. Keanu Reeves, o ator que protagonizou *O Pequeno Buda*[29], é o personagem principal do filme. Ele tem câncer de pulmão por fumar demais, e passa por diversas experiências, como ter seu câncer removido pelo demônio e ver sua alma sair do corpo e viajar para o outro mundo. Porém, normalmente é muito difícil que uma pessoa que tenha as características desse personagem consiga se proteger de um demônio.

A capacidade espiritual é, até certo ponto, uma qualidade inata, mas mesmo quem possui essa habilidade deve manter uma atitude de disciplina e se proteger neste mundo. O ex-jogador profissional de

---

[27] Miyamoto Musashi (1584-1645) foi um exímio espadachim, ronin e ex-samurai japonês, considerado herói no fim do período do Japão feudal. Escreveu o livro dos *Cinco Anéis*, famoso tratado de artes marciais. (N. do E.)

[28] Produzido em parceria entre EUA e Alemanha, o filme de terror dirigido por Francis Lawrence foi lançado no Brasil com o mesmo título, em 2005. (N. do E.)

[29] O filme (título original *Little Buddha*), dirigido por Bernardo Bertolucci, foi uma parceria entre Reino Unido, França, Itália e Liechtenstein, lançado no Brasil em 1993. (N. do E.)

beisebol Ichiro[30], por exemplo, exibia um ar de sólida invulnerabilidade quando se postava na caixa do rebatedor. Um praticante de religião deve ter essa mesma postura solene e evitar ficar com brechas.

Enquanto vivem como seres humanos, todas as pessoas têm seus desejos. Desejam dinheiro, status, o poder trazido pelo status ou a fama. Onde há dinheiro, status e poder, sempre está presente o desejo pelo sexo oposto. Desde que esse desejo se mantenha dentro de limites razoáveis, pode ser manifestado até certo ponto. Por exemplo, a decisão de um presidente americano de se casar com uma supermodelo é uma questão privada. O máximo que as pessoas podem fazer é desejar-lhe boa sorte, e isso talvez tenha um efeito favorável numa eleição. No entanto, quando a pessoa se torna gananciosa demais e deseja muitas coisas além daquilo que merece, o mais provável é o fracasso.

A importância de acumular pequenos sucessos

Costumo repetir com frequência que é importante começar do básico e ir aos poucos acumulando

---

[30] Ichiro Suzuki (1973-) é um ex-jogador japonês de beisebol, que jogou por dezoito temporadas na Major League Baseball dos EUA (em português, Liga Principal de Beisebol). É considerado um dos melhores rebatedores das décadas de 2000 e 2010, com extraordinária habilidade tanto ofensiva como defensiva. (N. do E.)

pequenos sucessos, mas isso não significa dizer que você precisa ser mediano. Todo mundo pode às vezes ter a sorte de marcar um gol de bicicleta, por exemplo, mas se você tem sempre como meta obter um grande sucesso, vai procurar todas as vezes fazer algo espetacular, embora um gol de bicicleta seja algo que só acontece uma vez ou outra. É que, depois de experimentar o sabor de um grande sucesso, as pessoas acham difícil se desapegar do desejo de repeti-lo.

Foi publicado no Japão um livro sobre o destino de indivíduos que haviam ganhado 100 milhões de ienes (cerca de 1 milhão de dólares) na loteria. Na maioria dos casos, o resultado não se revelou nada bom. Ganhar pequenas quantias numa loteria ou receber pequenos prêmios não faz muita diferença na vida da pessoa, mas ganhar uma grande soma de dinheiro de repente, bem acima da capacidade que a pessoa tem de administrá-la, muitas vezes traz um alto risco de ruína.

Certa vez, vi uma série de grandes anúncios de uma loja regional de massas num jornal de circulação nacional, e fiquei imaginando como aquilo era possível. Logo em seguida, houve o boato de que o dono da rede havia ganhado uma bolada na loteria, o que lhe permitia colocar anúncios de página inteira nos jornais. Não tenho certeza se os rumores eram verdadeiros ou não. As coisas podem funcionar bem enquanto o dinheiro durar e o negócio dele caminhar sem problemas, mas se as vendas desacelerarem e ele ficar sem dinheiro, terá de encarar uma dura realidade. Uma pessoa acostumada a um estilo de negócios extravagante pode sentir muita dificuldade ao ter de cortar gastos.

No Torneio Nacional de Beisebol Colegial do Japão, sempre que uma equipe obtém uma vitória com muita superioridade sobre o adversário, tende a perder o jogo seguinte. É provável que isso ocorra porque os jogadores perdem o foco depois de uma vitória tão avassaladora. Mesmo que sejam instruídos a manter o foco, é natural que relaxem um pouco. Devemos ter cuidado com tendências desse tipo.

O senhor feudal japonês do século XVI Takeda Shingen[31] dizia que devemos ficar contentes com uma vitória na faixa de 60%. Isso porque a vitória tende a criar áreas desprotegidas. Claro, as derrotas também criam fragilidades. Como perdedor, você pode se sentir insignificante e ressentido, ou ficar tímido e perder a motivação de lutar, ou ainda desenvolver o hábito de inventar desculpas. Mas as vitórias também criam brechas.

---

31 Takeda Shingen (1521-1573) foi um proeminente senhor feudal japonês com excepcional prestígio militar na fase tardia do período Sengoku. (N. do E.)

Nesse sentido, é importante acumular esforços concretos, em vez de ter em mente conseguir um sucesso rápido e fácil. Fazendo esforços constantes, as pessoas ao seu redor concordarão que você merece qualquer sucesso que se origine disso. Portanto, recomendo que acumule pequenos sucessos. Às vezes, um grande sucesso inesperado pode resultar numa vida bem ajustada, mas é raro isso ocorrer; é como querer achar a solução apoiado numa probabilidade de 1 em 1.000 ou em 10.000. Na maioria dos casos, as coisas não correm tão bem. Portanto, por favor, prefira acumular esforços constantes.

O amor às vezes cria brechas na mente

Os jovens, em particular, costumam experimentar fracassos nos relacionamentos amorosos. A partir de certa idade, o modo de pensar das pessoas muda. Elas começam a ver as coisas dentro do equilíbrio geral da vida. Por exemplo, são mais capazes de avaliar a importância do trabalho, o peso da responsabilidade ou a melhor distância para ter bons relacionamentos com os outros. Depois que adquirem essa habilidade, alcançam alguma compreensão sobre manter uma distância adequada ou aprofundar os relacionamentos com o sexo oposto. Também percebem que fazer promessas vazias causa sérios problemas mais tarde.

À medida que você desenvolve habilidades no trabalho, os outros passam a achar que você é também uma pessoa capaz de ter relacionamentos saudáveis com o sexo oposto. Porém, quando se é jovem, isso muitas vezes não ocorre. Como em *Romeu e Julieta*, tudo parece uma questão de "vida ou morte" e leva a decisões extremadas, do tipo manter ou não seu emprego ou fugir ou não com o ser amado. Os jovens às vezes podem se sentir pressionados dessa maneira.

Os jovens têm muitos sonhos e possibilidades, mas não importa o quanto sejam inteligentes, sempre há infelizmente um limite para a sabedoria. Um jovem não tem como entender o quanto verá as coisas de um modo diferente dali a dez ou vinte anos, quando tiver mais experiência. A imprudência é inevitável na juventude, não importa o quanto a pessoa seja inteligente.

As pessoas que ganharam muita experiência ao longo de várias décadas de vida podem enxergar tendências perigosas nos outros, mesmo que não sejam considerados inteligentes, no sentido mundano. Isso porque já viram muitas coisas, inclusive a ascensão e a queda de várias pessoas. Mesmo que tenham um grau de instrução menor, são capazes de prever o fracasso dos outros e apontar, por exemplo, que uma pessoa terá problemas com mulheres, com bebida alcoólica, com o jogo ou que irá cometer fraudes no trabalho. São capazes, até certo ponto, de detectar tendências perigosas nos outros. Vale a pena ressaltar que os testes padronizados de coeficiente de inteligência não necessariamente revelam o quanto a pessoa de fato se destaca dos outros nessa característica. É muito importante também saber observar a verdadeira natureza das outras pessoas.

O amor, em particular, cria brechas que podem ser um alvo fácil para os demônios, dependendo de sua natureza. Isso é ensinado tanto no budismo quanto no cristianismo. Também é verdade que, vivendo na Terra, ninguém escapa completamente das questões amorosas. Manter um bom equilíbrio é difícil. Para não cair na "armadilha" do amor, alguns preferem viver sozinhos e rejeitar esse vínculo, como é o caso dos monges e padres. Porém, parece que é sempre possível que ocorram equívocos inesperados.

Na sociedade moderna, as pessoas tendem a entender o amor como se ele significasse ser amado por alguém. Claro, não há como negar esse sentimento, porque ser amado pelos outros significa receber o apoio deles. Quando você ama alguém, seu apego a essa pessoa pode criar uma brecha para o ataque de demônios, mas seu amor pode também proteger essa pessoa e evitar que os demônios a prejudiquem.

O amor envolve não só os sentimentos entre um homem e uma mulher, mas também os daqueles que são amados por um grande número de pessoas, não importa seu gênero. Quando você é amado por muitas pessoas, isso indica que está recebendo muito apoio, como um mastro que é mantido em pé por muitas cordas, e que dificilmente será derrubado. Não é fácil derrotar uma pessoa que conte com o amor genuíno dos demais.

Por outro lado, existe um tipo de amor muito superficial, um amor moderno mais restrito, baseado em contrato. Nesse tipo de amor, é fácil as pessoas ficarem discutindo a validade do contrato ou se é o caso de rompê-lo ou não. No final, as consequências negativas do relacionamento podem até virar um problema maior do que o de saber realmente se existe amor ou não. Por isso, o Buda Shakyamuni ensinou que uma pessoa não deve ter entes queridos.

Aqueles que não praticam os ensinamentos não ficam protegidos

Quando se avança no caminho da iluminação, é difícil manter um relacionamento amoroso, pois ele muitas vezes se torna um obstáculo. O Buda Shakyamuni tinha uma atitude de distanciamento em relação a isso, como vemos no Sutra Agon, que se supõe ter sido baseado no que Buda realmente disse. Um exemplo dessa atitude distanciada de Buda pode ser visto na analogia de apontar o dedo para a Lua. Buda ensinava que ele apontava para a Lua, mas cabia a cada um realmente olhar para ela; que não é possível convencer ninguém de nada, a não ser que a pessoa veja com os próprios olhos. Com isso, Buda queria dizer que, embora pudesse indicar às pessoas a direção que deveriam seguir para alcançar a iluminação, e orientá-las na disciplina espiritual e no estudo da Verdade, cabia a cada um praticar.

Isso significa que aqueles que praticam os ensinamentos são salvos, e os que não praticam não o são. O Buda Shakyamuni era realista; suas palavras se baseavam na experiência dele de observar as pessoas, aquelas que podiam ser salvas e as que não podiam. O monge budista Kobo-Daishi Kukai também era dotado dessa visão realista. Tenho a impressão de que ele enxergava o mundo de maneira muito isenta, com frieza.

Tempos atrás, assisti na televisão japonesa ao filme *Onmyo-ji*[32] ("Mestre Yin-Yang"), com o personagem Abe-no-Seimei. Esse personagem, interpretado pelo ator Goro Inagaki, é retratado como tendo essa

---
[32] Filme japonês dirigido por Yojiro Takita; lançado no Japão em 2001 e nos Estados Unidos em 2003, foi um grande sucesso de bilheteria. (N. do E.)

mesma atitude realista de Buda. Uma de suas falas é a seguinte: "Uma pessoa possuída por um espírito vingador pode ser salva ou não, e isso depende, em última instância, dela própria".

Um homem poderia ser salvo se passasse a ter consciência de que a mulher que ele amava fora transformada no espírito vingador que agora o possui. Desse modo, seria capaz de recuperar sua verdadeira consciência e voltar a ter controle sobre sua vontade. Mas não seria salvo se ficasse apegado à sua antiga amada sem perceber que ela havia se tornado um demônio horrível. Se ainda a amasse depois da transformação dela naquilo que parecia ser um demônio reduzido a pele e osso aos olhos objetivos, então nada poderia ser feito; ou seja, estava nas mãos dele ser salvo ou não. Isso é destacado nesse filme, muito influenciado pelo modo de pensar budista.

Dentre todas as pessoas que ouvem meus ensinamentos, algumas podem ser salvas e outras, não. Em certo sentido, não há como mudar isso.

Eu prego ensinamentos. Se você decidir praticá-los, poderá se proteger. No entanto, quem não se dispuser a praticá-los não ficará protegido. Por isso, se você nutre sentimentos do tipo: "Eu sou o melhor", acabará fracassando. Sem fé, não conseguirá se proteger. Com os pequenos altos e baixos – experimentar sucesso algumas vezes e fracasso em outras

– sua mente pode ficar desestabilizada, permitindo que um demônio entre em alguma área não protegida. E com isso concluo meus ensinamentos sobre o conhecimento básico necessário para se tornar um verdadeiro exorcista.

Capítulo Quatro

Exorcistas como profissionais religiosos

Perguntas e respostas com Ryuho Okawa

Como verificar a própria fé

Pergunta 1

Aprendemos com seus ensinamentos que é preciso ter fé para conseguir derrotar os demônios, mas tenho medo de que, mesmo acreditando ter fé, às vezes possamos permitir, sem saber, que o mal entre na nossa mente. Por favor, conte-nos como podemos verificar se a nossa fé se desviou do caminho correto.

Pequenos erros não são permitidos quando a pessoa sobe de posição social

Resposta

Esta é uma questão difícil, e se aplica não só à religião. Por exemplo, se você é promovido no trabalho, sua maneira de tomar decisões e sua atitude em relação às demais pessoas muda. O mesmo se dá quando sua influência sobre os outros fica maior em razão do tipo de trabalho que você realiza.

No mundo do entretenimento, um novo artista pode ganhar popularidade aos poucos e se tornar um grande astro de projeção nacional e internacional. À medida que seu status cresce, ele passa a ser tratado como alguém mais importante, da mesma forma que ocorre com um político ou com o presidente de uma grande companhia. Alguns são até premiados pela indústria do entretenimento. São honrarias concedidas aos que tiveram grande influência na sociedade ou deram uma grande contribuição ao mundo. Isso vale para qualquer setor. Altos executivos de empresas, pesquisadores, cantores ou atores podem receber premiações e, assim, a posição social da pessoa muda. Portanto, em primeiro lugar precisamos estar cientes disso.

A sua pergunta é sobre a forma de verificar o nível de fé que você acredita possuir, mas na religião também temos a questão da posição de cada um dentro da hierarquia da organização religiosa. Se você alcança uma posição mais elevada, passa a influenciar um número maior de pessoas, e com isso qualquer comentário equivocado que você fizer poderá criar problemas a mais gente.

O mesmo vale quando você se envolve em atos de salvação. Se você ocupa uma posição subalterna e ninguém espera que você tenha um grande poder de exorcizar, um erro seu ou um fracasso não terão grandes consequências. No entanto, conforme ocupa posições mais elevadas e as pessoas passam a ter expectativas maiores a seu respeito, um erro que passaria quase despercebido numa posição hierárquica inferior agora pode acarretar consequências mais graves.

Se você, por exemplo, é qualificado como palestrante na sede da Happy Science e não conhece digamos "El Cantare Fight" ou não leu *As Leis do Sol*, isso pode gerar problemas. Um membro de nível inferior na hierarquia seria perdoado por isso ou receberia apenas uma repreensão, mas em pessoas de cargos mais elevados essa falha seria imperdoável.

Nos cargos mais altos, a pessoa demonstrar amor-próprio em excesso não é visto com bons olhos. No início, considera-se natural que as pessoas fiquem ansiosas para obter a aprovação dos outros. Os bebês sempre procuram receber atenção dos pais, seja expressando fome ou urgência de urinar ou evacuar. Querem leite e têm forte desejo de muitas outras coisas. No entanto, quando você é adulto, tem de ser forte para restringir e controlar seus desejos, e, se estiver numa posição superior à dos outros, deverá evitar agir em benefício próprio; ao contrário, precisará esforçar-se mais para ajudar os demais.

Claro, os jovens sempre estão mais inclinados a buscar o próprio progresso; porém, conforme alcançam posições mais elevadas, devem pensar em ajudar no crescimento e desenvolvimento das outras pessoas.

O nível de fé exigido também aumenta quando a pessoa sobe na escala social

Assim como sua maneira de pensar muda quando você sobe na hierarquia de cargos, o nível de fé que é exigido de você também aumenta. No início, sua fé será considerada suficiente se ela servir para protegê-lo; entretanto, à medida que seu status ou sua posição aumentar, esse nível não será mais suficiente.

Um adepto leigo, por exemplo, que não participa efetivamente das atividades religiosas, pode preferir não revelar que é membro da Happy Science no seu local de trabalho, por temer uma reação negativa de seus colegas.

Digamos que essa pessoa esteja numa roda de amigos tomando uma cerveja e, então, surge o assunto religião, e ela não se manifesta quando alguém faz algum comentário negativo sobre religião. Mas a situação muda quando se trata dos seguidores que têm alguma responsabilidade específica no grupo ou dos missionários da Happy Science que trabalham como gerentes do templo local ou têm cargos mais elevados. Eles não podem tolerar críticas aos ensinamentos da Happy Science, aos seus executivos ou ao seu fundador, pois esses comentários negativos vão contra seu interesse pessoal.

O mesmo pode ser dito para alguém que é funcionário de uma companhia. Você não pode falar mal abertamente do presidente da empresa onde trabalha, nem fazer comentários explícitos que desmereçam as políticas adotadas por ela. Se fizer isso, não será possível que você permaneça na companhia. Isso pode indicar também um comportamento imaturo.

É muito importante que a pessoa não faça ostentação de seu nível de fé. Jesus Cristo também procurava controlar seu comportamento. Dizia que você deveria rezar sem ser visto pelos outros, rezar com serenidade, totalmente sozinho, de modo reservado. Algumas pessoas fazem questão de mostrar que têm muita fé, mas essas ostentações de devoção criam brechas na mente, e é por essas brechas que a vaidade se insinua. Por isso, Jesus recomendava rezar sozinho em um local tranquilo. De uma maneira ou outra, sua fé acabará sendo testada e revelará o quanto é verdadeira ou não.

A fé tem um poder real

A fé se baseia no quanto seu conhecimento da Verdade é profundo e na intensidade do seu desejo de buscar a iluminação. Em outras palavras, a fé se baseia no desejo de ficar mais perto de Deus ou Buda. Por meio da sua fé, os fiéis protegem os líderes religiosos, o que é algo maior do que apenas lhes dar apoio e ajudá-los. Esses líderes religiosos amam a Deus ou Buda e trabalham na Terra como seus representantes. Esses representantes estão sempre sendo atacados pelos espíritos tanto dos vivos quanto dos mortos e também pelas críticas mundanas; portanto, são de fato protegidos pela fé de muitas pessoas. Esse é um ponto muito importante.

Nesse sentido, também, acho que o povo japonês é complacente demais em relação às suas ideias sobre religião. Quando vão a países religiosos e dizem que são ateus ou que não acreditam em nenhuma religião, às vezes são mal compreendidos e vistos como subumanos, até mesmo como gente no nível dos animais. Desde o final da Era Meiji[33], o Japão criou uma estranha cultura na qual as pessoas sem fé são vistas como mais intelectualizadas, e essa tendência se fortaleceu após a Segunda Guerra Mundial. É uma cultura que chega a ser constrangedora, e precisamos criar um sentido de valores que se oponha a ela.

---

33 A Era Meiji, ou Período Meiji, designa o período de 45 anos (de 1867 a 1912) de reinado do Imperador Meiji no Japão. Nessa fase, o país conheceu uma acelerada modernização, vindo a constituir-se numa potência mundial. (N. do E.)

Para isso, temos de criar uma religião correta, que a sociedade toda possa aceitar em certa medida. Com a existência hoje em dia de muitos grupos religiosos distorcidos, é difícil a religião manter um bom prestígio. Seria muito bom se surgisse um movimento de reforma dentro do círculo interno da religião.

A lealdade é algo necessário para as companhias, mas a fé envolve uma questão bem mais séria. A fé é poder de verdade, e ela de fato faz diferença.

A fé significa os sentimentos da pessoa em relação ao sagrado *Gohonzon* (a imagem sagrada), isto é, ao fundador e líder que criou originalmente o grupo religioso. Ao mesmo tempo, a fé é um fator indispensável para que a pessoa possa receber energia espiritual dessa fonte e se tornar una com ela, combatendo assim os maus espíritos e demônios. Sem fé, sua luta será reduzida ao nível individual, e você acabará sendo derrotado se cruzar com inimigos mais poderosos no seu caminho.

Algumas vezes você terá de lidar com alguém sob influência espiritual negativa, mas se tal pessoa estiver possuída por cinco ou seis espíritos, não será fácil expulsar todos eles; é algo que está além do poder de um indivíduo. Se uma pessoa é possuída pelo espírito do pai, morto em um acidente, pode encaminhar o espírito do pai de volta ao céu participando de seminários da Happy Science ou providenciando a realização de uma missa para o falecido. No entanto, é difícil expulsar cinco ou seis espíritos que se revezam em possuir uma pessoa durante décadas, aproveitando-se da brecha criada pelos pensamentos equivocados que ela abriga. Ao lidar com uma pessoa nessa situação, você precisa estar conectado ao poder central de Deus ou Buda por meio da fé na Happy Science; caso contrário, estará sempre em condição vulnerável. Por favor, leve isso muito em conta.

Os sistemas de valores mundanos não devem ser trazidos para o mundo da religião

Nessas horas, um aspecto que você precisa ter em mente é que não se deve trazer valores mundanos para o mundo da religião. É um erro que as pessoas costumam cometer. Alguns fiéis julgam um gerente de templo local, um ministro-chefe ou um palestrante de um templo *shoja* por um ponto de vista mundano, alegando coisas como: "Eu me formei por uma das melhores universidades do país e trabalho numa companhia de alto nível, mas o ministro-chefe desse templo formou-se por uma universidade de terceira categoria; portanto, suas orações e preces não devem ser lá muito poderosas". Se a pessoa alimenta esse tipo de pensamento, o mau espírito que tomou conta dela não será expulso com facilidade.

No budismo, o Buda Shakyamuni eliminou o sistema de castas de seu grupo, e seus monges não eram julgados com base na classe social a que pertenciam. A posição de cada um no grupo geralmente era definida pelo tempo que havia vivido como monge. Além disso, quando um monge alcançava certo nível de iluminação e se tornava um *arhat*[34], significava que estava mais próximo do mestre. Então, era-lhe concedido um cargo especial. Os seguidores de Buda vinham de castas diferentes – brâmanes, xátrias, vaixás e sudras –, mas quando se tornavam monges, todas essas distinções mundanas desapareciam.

Ciúmes e rivalidades entre os discípulos de Cristo

Jesus tratava seus seguidores com esse mesmo espírito. Quase nenhum de seus discípulos tinha uma posição social elevada. Ao contrário, eram pescadores, e havia também um coletor de impostos e um irmão de Jesus, cujo pai era carpinteiro. Naquela época, um

---

34 Aqueles que atingiram a condição de *Arhat* (*Arakan*), isto é, que alcançaram estados divinos, como os santos, habitam a zona superior da sexta dimensão e possuem uma aura circular com brilho dourado, como se fosse uma pequena bandeja dourada. Aqueles cuja mente está sintonizada com o Mundo dos *Bodhisattvas* da sétima dimensão têm uma auréola circular dourada de cerca de 40 ou 45 centímetros em volta da cabeça, acima dos ombros. *Arhat* é o primeiro grau necessário antes de poder se tornar um *Bodhisattva*, um anjo de luz. (N. do E.)

carpinteiro seria o equivalente a um trabalhador de construção civil na nossa sociedade.

Na realidade, Judas era o mais instruído de todos os doze discípulos de Jesus. Dizem que, quando jovem, frequentara uma escola judaica. No grupo de Jesus, era o tesoureiro; portanto, tinha ao mesmo tempo "dinheiro" e "instrução". Foi uma pessoa com essas características que acabou traindo Jesus. Provavelmente foi dominado pela soberba, talvez por ser o único que recebera uma educação judaica adequada e se qualificara como rabino, ou seja, um professor. Por essa razão é que foi abordado por alguns governantes romanos e pelos sacerdotes judeus que haviam vendido a alma aos romanos, e persuadido a trair seu mestre por uma pequena quantia em dinheiro.

Mais tarde, Judas arrependeu-se de ter traído seu mestre e se enforcou. Vendera o mestre por 30 moedas de prata – que equivaleria a algo entre 300 e 3 mil dólares em valores atuais. Alguns relatos favoráveis a Judas dizem que ele esperava testemunhar um milagre que pudesse salvar Jesus.

Como mencionado, Judas era o tesoureiro; recolhia e administrava o dinheiro do grupo, que vivia tendo problemas financeiros. Apesar disso, as mulheres que seguiam o mestre tratavam Jesus com extrema prodigalidade.

Entre os seguidores havia uma mulher chamada Maria, que uma vez derramou óleo aromático nos pés de Jesus e depois enxugou-os com o próprio cabelo. O óleo usado por Maria custara 300 denários; isso equivalia a um ano de salários, digamos uns 30 mil dólares em valores de hoje. Judas viu nisso um desperdício e repreendeu-a dizendo: "Por que este bálsamo perfumado não foi vendido por 300 denários e dado aos pobres?". Segundo Judas, essa quantia em dinheiro teria sustentado o grupo por cerca de um ano.

Mas Jesus respondeu: "Deixe-a em paz", "Quanto aos pobres, vós sempre os tereis convosco, mas a mim vós nem sempre tereis". Ciente de que sua partida deste mundo se aproximava, Jesus aprovou a ação de Maria como uma expressão de sua fé e de seu alto respeito por ele. Entendeu que ela havia feito o máximo para servi-lo, o que seria lembrado como um evento histórico. Enquanto Judas racionalmente considerava um desperdício usar aquele óleo aromático tão caro para limpar os pés, Jesus julgou a ação adequada, porque sua morte estava próxima e o gesto de Maria seria lembrado pelos dois mil anos seguintes.

A Bíblia narra também a história de Maria e de sua irmã Marta. Enquanto Marta se ocupava em preparar o jantar para Jesus e seus discípulos, Maria ficara sentada aos pés de Jesus ouvindo o mestre. Marta ficou com ciúmes da irmã e pediu que Maria viesse ajudá-la na cozinha, e Jesus a repreendeu com delicadeza por isso.

Do ponto de vista mundano, baseado no senso comum, as afirmações de Judas e Marta soam razoáveis, mas, por uma perspectiva religiosa, parecem ter sido baseadas no ciúme e num sentido de rivalidade, tipicamente humanos. Os valores no mundo da fé são um pouco diferentes dos que regem o mundo convencional, e é errado supor que aquilo que valorizamos neste nosso mundo seja igualmente válido no âmbito da religião. Inversamente, às vezes aquilo que não tem valor neste mundo pode ter grande valor na religião. Espero que você tenha entendido bem este ponto.

A dificuldade de ter um coração puro no mundo da religião

Há muitas coisas consideradas valiosas neste mundo, como posição social, fama, poder e dinheiro. São de fato coisas úteis. No entanto, há situações em que não têm o mesmo valor.

Por exemplo, doar dinheiro para uma religião não garante necessariamente uma libertação imediata dos maus espíritos. Algumas pessoas acreditam que uma grande doação pode fazer um pastor conduzir um exorcismo com maior seriedade e que, desse modo, o espírito obsessor com certeza será expulso. Isso às vezes acontece, e ter o coração aberto para a caridade e para oferendas sem dúvida é algo precioso. Mesmo assim, o poder de um exorcismo religioso depende do grau de disciplina espiritual e de fé envolvidos. Nesse sentido, a ideia de que a quantia da doação possa fazer alguma diferença no poder do exorcismo é um pensamento distorcido, e devemos sempre separar esses dois fatores.

É essencial não aplicar valores mundanos ao mundo da fé. Precisamos estar atentos a não proceder dessa maneira, caso contrário ficaremos propensos de modo inevitável a sustentar ideias mundanas. A questão da idade é outro exemplo. Alguns discípulos podem hesitar em abrir seu coração e receber conselhos de um mestre mais jovem. O gênero também pode influir. Algumas pessoas hesitam em receber aconselhamento pelo fato de ter à sua frente um homem ou uma mulher. E há os que se sentem orgulhosos por terem uma aparência melhor do que os outros.

Também há pessoas que se envaidecem pelo fato de estarem há muito tempo em treinamento espiritual. Antes de entrar para a Happy Science, alguns membros tiveram dez anos de treinamento em meditação sob uma cachoeira, ou se envolveram em práticas ascéticas nas montanhas ou completaram uma peregrinação de mil dias a diversos santuários e tiveram seus feitos celebrados e noticiados em jornais. Essas pessoas talvez sintam orgulho de si mesmas e acreditem que são diferentes dos outros seguidores. Mas as coisas não são tão simples assim.

As pessoas podem receber avaliações diferentes neste mundo; entretanto, depois que entram para o mundo da fé, precisam se desapegar de todas essas reputações mundanas. Caso contrário, dificilmente terão uma mente pura. É importante ter ciência disso.

Claro, existem diferenças nas posições que as pessoas ocupam dentro de uma organização religiosa, mas esses cargos às vezes são dados apenas como um meio de fazer as coisas andarem de modo mais eficiente. Na Happy Science, também, os cargos no nosso grupo são apenas temporários, e a verdadeira grandeza de uma pessoa não se relaciona necessariamente com o status que ela possui no mundo. Todos estão nivelados pela sua atitude de praticantes da Verdade.

Você não conseguirá se proteger sem uma fé bem estabelecida

A fé não deve ser usada como um meio para alcançar algo ou se exibir. A não ser que você perceba a fé como um poder real, não conseguirá proteger a si mesmo nem salvar outras pessoas. Por isso, é importante saber que há um limite para a própria capacidade espiritual. Somente quando você tiver estabelecido muito bem a sua fé é que será capaz de proteger continuamente a si e salvar outras pessoas. Espero que o entendimento disso tenha ficado claro.

Certamente, podem ocorrer milagres quando um gerente do templo da Happy Science realiza um *kigan* (prece) num templo *shoja*. Porém, os milagres ocorrem porque a organização inteira criou um campo espiritual e um sistema de fé para salvar pessoas. Portanto, é errado acreditar que ele pode ser capaz de operar milagres por sua conta se estiver fora daquele ambiente. Um pensamento desses facilmente permitirá que um demônio entre na sua mente para manipulá-lo. Por favor, procure não interpretar mal esse ponto.

As mensagens espirituais conduzidas pela Happy Science ganharam credibilidade social

Tempos atrás, houve o caso de uma antiga seguidora da Happy Science que se vangloriava, para alguns fiéis do seu grupo, de sua capacidade de receber mensagens espirituais. Ela era um membro ativo, mas saiu da Happy Science em 1994, ano em que parei de registrar mensagens espirituais e comecei a basear nossas atividades nos meus ensinamentos.

Um tempo depois, ela começou a publicar o que dizia serem "mensagens espirituais" e formou o próprio grupo. Insistia em dizer que era capaz de conversar com espíritos, e também que Ryuho Okawa havia perdido suas capacidades espirituais.

Eu não tinha conhecimento de nada disso, porque não havia visto nenhum dos livros dela anunciados nos jornais japoneses, então fiquei surpreso quando soube que ela havia tirado cerca de vinte seguidores de nossos templos afiliados, usando a falsa alegação de que eu havia perdido minha habilidade espiritual. Em seguida, fui informado de que os livros dela estavam sendo expostos na prateleira mais baixa de uma grande livraria.

Depois de saber que ela havia influenciado nossos fiéis com alegações desse tipo, decidi retomar a publicação de mensagens espirituais, que agora já integram mais de 500 títulos (dados de abril de 2019). Com isso, demonstrei que ainda era capaz de produzir muitos livros com mensagens espirituais. Minhas mensagens espirituais são como "bombas". Quando as publiquei em rápida sucessão, foram como um bombardeio realizado por um Boeing B-29. Com isso, a lógica dessa mulher desmoronou em pouco tempo.

Os jornais não têm mais anunciado os livros dela, mas continuam anunciando os meus. Isso pode parecer estranho, mas mostra a diferença no nível de credibilidade social. A verdade é que pessoas que têm um julgamento saudável entendem as mensagens que tenho publicado nos últimos trinta anos, e as consideram sensatas e diferentes de outras. Por exemplo, os jornais nacionais do Japão, *Sankei Shimbum* e *Yomiuri Shimbum*, publicaram grandes anúncios da mensagem espiritual que recebi do falecido escritor Ryotaro Shiba, na qual seu espírito expõe o que ele pensava sobre o patriotismo. O jornal *Sankei Shimbum* também anunciou nosso livro de mensagens espirituais transmitidas pelos espíritos guardiões de Moon Jae-in, presidente da Coreia do Sul, e Kim Jong-un, líder supremo da Coreia do Norte, assim como os do falecido crítico cultural Shoichi Watanabe.

Há um sentido especial em anunciar nos jornais *Sankei Shimbum* e *Yomiuri Shimbum* as mensagens espirituais de Ryotaro Shiba e Shoichi Watanabe. Ryotaro Shiba era jornalista do *Sankei Shimbum*; depois que saiu do jornal virou escritor, e suas obras foram publicadas em capítulos no *Sankei Shimbum*. Um grande anúncio publicado no jornal sobre sua mensagem espiritual equivale a um editorial seu. Considero as mensagens espirituais dele bem próximas da linha editorial do *Sankei*. Acho que por isso aprovaram os anúncios desse livro.

O senhor Shoichi Watanabe faleceu cerca de um ano antes de anunciarmos os livros com suas mensagens espirituais; portanto, em princípio isso constituiria um risco para o jornal. Muitas pessoas hoje se autoproclamam médiuns. Ao que parece, há no Japão mais de dez mil médiuns. Se todos afirmassem receber mensagens espirituais de Shoichi Watanabe e Ryotaro Shiba e as reunissem em livros, o público ficaria confuso e certamente isso criaria problemas.

Mas esses espíritos não se manifestam em qualquer lugar, porque também gostam de se preservar. Suponho que escolhem um canal adequado e confiável para transmitir suas mensagens. Seria questionável se eles se manifestassem em vários lugares. Algumas pessoas acham que o espírito de Shoichi Watanabe deveria ter se manifestado por meio de algum médium católico, já que ele seguia essa religião. Porém, uma organização católica não publicaria mensagens espirituais, pois isso seria considerado herético e talvez levasse o escritor a ser excomungado. Entre as religiões há essas divergências de pontos de vista. De qualquer modo, a credibilidade na esfera mundana é um fator essencial, e também é importante que a pessoa tenha sua religiosidade respeitada.

P2

Como preservar um bom estado mental

Pergunta 2

*Vejo que algumas pessoas têm dificuldade em superar perturbações espirituais. Quando recebem um **kigan** (prece ritual) para exorcizar maus espíritos, arrependem-se de seus erros e voltam a ter fé e devoção em Deus. Nessa hora, recebem luz do céu e parecem se recuperar. Mas é algo temporário; elas logo começam a vacilar mentalmente e voltam a sofrer possessão espiritual. Parece que repetem a experiência. Eu gostaria de saber qual seria o seu conselho para essas pessoas, sobre a maneira de manter uma boa condição espiritual e estabilizar sua mente.*

A lei da inércia também atua nos estados mentais

Resposta

Essa flutuação é um traço típico nas pessoas comuns, e não há o que fazer. Elas podem se arrepender de seus erros quando sentem a presença do sagrado numa atmosfera solene; entretanto, ao voltarem às atividades do dia a dia, retornam ao estado anterior. Esse é o padrão usual das pessoas comuns; é isso o que geralmente acontece.

Mesmo assim, para elas é uma experiência excepcional serem levadas às lágrimas e recuperarem sua fé quando participam de uma cerimônia de *kigan* (prece) ou de outros rituais nos templos da Happy Science. É melhor do que não ter essa experiência espiritual. Porém, esses sentimentos acabam desaparecendo quando a pessoa está em casa ou no ambiente de trabalho; conforme ela retoma a rotina, vai aos poucos sendo arrastada para o enfoque materialista anterior de valores.

É o que chamamos de lei da inércia. As pessoas vão consolidando um caminho em seus anos de vida na Terra e não conseguem mudar de rumo de uma hora para outra, mesmo que queiram. Como a física demonstra, um trem ou um carro continuam se movendo para a frente mesmo depois de acionados seus freios. Essa lei da inércia explica por que as coisas não param de uma vez, ou com uma única tentativa.

Claro, a pessoa pode experimentar uma mudança em seu estado de espírito quando recebe um conselho simples ou participa de um ritual. No entanto, essa mudança pode se mostrar apenas temporária e em seguida ela volta ao estado mental anterior, mas isso depende também do tempo que ela passou no caminho errado ou da intensidade com que o vivenciou. Ou seja, depende do quanto o fluxo de seu estilo de vida anterior continuará se prolongando.

Aqueles que viveram mais ou menos de acordo com a fé terão relativa facilidade para mudar de caminho quando forem profundamente tocados por uma experiência espiritual e ficarem determinados a mudar sua forma de pensar. Entretanto, isso será bem mais difícil para quem vem agindo de maneira oposta à fé ou que vive rodeado de pessoas que não acreditam em assuntos espirituais. Mesmo que o indivíduo chegue a ver ou ouvir seus espíritos guardiões, ou sinta a luz quando um orientador recita um sutra, ao voltar para casa ou para o trabalho, poderá ouvir comentários como: "Isso não é possível de acontecer", "É só uma ilusão", "É coisa da sua imaginação" ou "Esta religião fez uma lavagem cerebral em você". Se a experiência dele for desvalorizada desse modo por umas duas ou três pessoas, é bem possível que ele sinta sua convicção vacilar.

O budismo ensina que há diferentes níveis de consciência espiritual: o superior, o médio e o inferior. Aqueles que têm uma consciência espiritual superior entendem a Verdade com relativa rapidez, e os de consciência espiritual de nível médio precisam se esforçar um pouco mais para alcançar o mesmo nível de iluminação. Já as pessoas do nível inferior levam bastante tempo para compreender a Verdade, mesmo que tenham muitas oportunidades. É difícil determinar o próprio nível, ou o de outra pessoa. Cada um desses níveis subdivide-se em três ou quatro, e o nível de cada um vai depender também da natureza da própria pessoa.

O apóstolo Paulo despertou para sua missão depois de uma experiência mística

Às vezes, a pessoa é muito religiosa e tem uma espiritualidade elevada, mas viveu de maneira contrária à Verdade e nunca teve oportunidade de um despertar espiritual. Mesmo assim, sofre de repente uma reviravolta completa após uma experiência transformadora. Isso é raro, e há poucos exemplos históricos desse tipo de mudança.

Um desses exemplos é a conversão do apóstolo Paulo. Ele não conheceu Jesus pessoalmente. Era membro e sacerdote de uma igreja judaica tradicional e também estava oficialmente autorizado a prender os discípulos de Jesus, como se fosse um policial. Após a crucifixão de Jesus, ele perseguiu seus seguidores no território que vai de Jerusalém à atual Síria, que hoje passa por terríveis momentos, sofrendo inclusive repetidos ataques aéreos. Enquanto viajava pela estrada que leva a Damasco durante o dia, Paulo de repente viu uma luz ofuscante e caiu no chão. Era uma luz tão intensa que o deixou cego por três dias.

Paulo, que na época era chamado de Saulo, teve a visão restaurada por Ananias, um dos seguidores de Jesus. Este havia curado um cego colocando nos olhos dele uma mistura de barro e saliva, mas Ananias curou Saulo impondo suas mãos sobre os olhos dele e rezando. Saulo experimentou o milagre da restauração de sua visão, que havia perdido temporariamente ao contemplar aquela luz branca intensa.

Quando Saulo caiu no chão, ouviu a voz de Jesus dizendo: "Saulo, Saulo, por que me persegues?". Saulo na verdade perseguia os seguidores de Jesus, mas este lhe disse: "Por que me persegues?". Até então, Saulo já perseguira muitos cristãos, prendendo-os e executando-os, mas após aquela experiência mística converteu-se ao cristianismo.

Ao virar cristão, Paulo passou a ser acusado tanto pelos cristãos quanto pelos judeus. Os cristãos suspeitavam que ele fosse um espião, por suas atividades pregressas, e os judeus o denunciavam como traidor. Não foi bem recebido por nenhum dos lados e enfrentou muitas dificuldades e provações. Apesar disso, comprometeu-se com o trabalho missionário pelo resto da vida, até morrer como mártir, assim como Pedro, que foi executado numa cruz, de cabeça para baixo.

Embora Paulo inicialmente tivesse uma fé oposta, foi fiel ao Deus dos judeus e tinha um coração puro; portanto, já era uma pessoa religiosa. Como o cristianismo acabava de ser fundado e ele nunca vira Jesus pessoalmente, dedicou-se a destruir a nova religião e a perseguir os seguidores de Jesus. Após a experiência mística, porém, despertou para a sua verdadeira missão. Isso é algo muito raro de acontecer.

Quando a luz alcança a profundidade do seu coração

Outras pessoas tiveram experiências similares. Por exemplo, eu soube do caso de um homem que cumpria pena numa prisão e que de repente teve a experiência mística de testemunhar a presença de Jesus, tornando-se pastor cristão após sua libertação. Esse tipo de conversão de fato ocorre, mas em geral o futuro da pessoa acaba sendo uma extensão do seu comportamento anterior, já que a lei da inércia está sempre atuante.

Portanto, mesmo que a pessoa seja levada a um templo da Happy Science e se comova com a atmosfera sagrada, é natural que depois tenha dúvidas, quando revê sua experiência por uma perspectiva mundana. É difícil a pessoa superar essas dúvidas, a não ser que procure ter mais amigos que compartilhem a mesma fé.

Também há aqueles que exercem influência negativa sobre os outros e ficam o tempo todo tentando iludi-los. Isso significa que a hora desses indivíduos ainda não chegou. Leva tempo. E a única coisa a fazer nesses casos é ter paciência e esperar que chegue a hora em que despertem para a Verdade.

É comum vermos pessoas que trabalham numa grande companhia e acreditam que sua vida vai indo bem, e que estão trilhando uma carreira de sucesso. Mesmo que elas achem os ensinamentos da Happy Science benéficos e se tornem membros, podem não ter alcançado um nível que lhes permita conhecer a verdadeira fé. E talvez só venham a sentir uma profunda fé religiosa depois de passarem por uma experiência dolorosa, como a morte de um dos pais. Algumas pessoas só conseguem compreender a fé quando chega de fato a hora certa.

Outro dia, enquanto eu ouvia nosso programa de rádio "O Chamado Matinal do Anjo", a apresentadora Ritsuko Shirakura comentou que havia chorado após a leitura da mensagem de abertura (poema de Ryuho Okawa), incluída na Revista Mensal da Happy Science no Japão. Trata-se do meu ensinamento sobre o poder de perdoar pecados. Escrevi isso para que as pessoas entendam que não devem culpar os outros nem as circunstâncias por seus infortúnios na vida, que não há essencialmente nenhum pecado original como acreditam os cristãos, e que elas agem como se houvesse algum carma negativo que fosse capaz de explicar suas adversidades. Ela disse que chorou muito depois de ler essa passagem.

Aqueles que têm uma ampla gama de experiências podem às vezes sentir que seu coração está se abrindo e que estão recebendo diretamente a luz celestial. A atriz Tomoko Ogawa teve essa experiência. Quando me viu pela primeira vez, disse sentir tanta luz entrando em seu coração que não conseguia parar de chorar. Suponho que outras pessoas tenham tido experiências semelhantes.

A realidade é que cada um tem seu "tempo", e você deve esperar que chegue o tempo das pessoas. Saber esperar que chegue a hora delas também é um ato de amor. Além disso, é importante oferecer-lhes sempre oportunidades.

Portanto, como vimos na analogia de apontar para a Lua, cabe a cada indivíduo olhar ou não para a Lua, que só poderá ser vista se a pessoa de fato olhar para ela com os próprios olhos. Mesmo que os outros fiquem tentando mostrar-lhe a Lua, no final das contas cabe à própria pessoa decidir se vai olhar para ela ou não.

Saiba que algumas pessoas podem ser salvas, mas outras, não

Ao se envolver com exorcismos, você encontrará pessoas que podem ser salvas e outras que não podem. O fato de não conseguir salvar alguém não deve fazer você supor que os ensinamentos estejam errados ou que você não tem a habilidade necessária. Infelizmente, a principal razão pela qual uma pessoa não é salva é porque ela ainda não tem virtude em grau suficiente.

Por isso, não fique chocado. É assim mesmo: alguns podem ser salvos, outros, não. Não há o que fazer em relação a isso.

É certo que todos nós – inclusive os membros da Happy Science – vamos abandonar este mundo em alguma hora, com toda certeza. Não importa se vai ser por alguma doença ou não, mas todos iremos abandonar este mundo em algum momento. É como numa aposta do tipo "tudo ou nada", e não há outras possibilidades. No entanto, você pode escolher como irá viver sua vida e tornar os dias que lhe restam mais gratificantes. Portanto, evite encarar as coisas com uma mente estreita; seja persistente em seus esforços e olhe as coisas por uma perspectiva mais ampla. E saiba que poderá salvar algumas pessoas, mas não todas elas.

O Buda Shakyamuni usava a metáfora de uma flor de lótus para explicar as diferenças de consciência espiritual entre as pessoas. A flor de lótus brota em lagos turvos. Algumas plantas crescem até logo abaixo da linha d'água, e com um pouco de ajuda são capazes de florescer na superfície. São como as pessoas que despertam logo para a Verdade depois de receber alguns ensinamentos. Outras ficam mergulhadas na água e precisam de mais tempo para brotar. E há aquelas que ficam bem embaixo, perto do fundo; no nível em que estão, mal conseguem produzir brotos. Por isso, as pessoas nesse nível demorarão mais tempo para alcançar a salvação e seu processo não será fácil. O Buda Shakyamuni ensinou que é preciso discernir o nível em que os outros estão e tentar apresentar-lhes os ensinamentos de um modo adequado a eles. É a única opção.

Jesus Cristo operou vários milagres, mas disse que não podia fazê-los na aldeia em que havia nascido. Ali, muitos o conheciam desde a infância. Os vizinhos poderiam saber, por exemplo, que ele havia sido muito travesso quando criança, que dera trabalho à mãe, levara broncas do pai ou que não havia sido muito hábil como carpinteiro. Isso dificultaria os milagres, porque impediria que todos tivessem fé nele. Os velhos amigos, parentes, vizinhos e com certeza os membros da família, sabendo de sua infância e conhecendo-o desde a época em que ainda não alcançara grandeza, teriam muita dificuldade para acreditar nele ou se tornarem seus seguidores.

Atualmente, comecei a erguer um templo em minha cidade natal na Prefeitura de Tokushima, mas isso foi possível porque já se passou muito tempo e cheguei aos 60 anos. É por isso que estou sendo capaz de construir o Templo do Advento de El Cantare Terra Santa, na minha cidade natal de Kawashima. A maioria de meus amigos já se aposentou. Quando você chega a essa idade, sua reputação já está assentada e os outros sabem que tipo de pessoa você é. Por isso, senti que era uma boa hora para construir esse templo ali. Se tivesse decidido construí-lo quando tinha trinta e poucos anos de idade, talvez tivesse recebido mais críticas do que elogios. Portanto, fiz bem em erguer os templos naquela época em cidades onde a maioria não sabia nada sobre minha infância.

Em resumo, o que acaba decidindo são as características dos lugares e os diferentes graus de consciência espiritual das pessoas – se elas estão no nível superior, médio ou inferior. Também é preciso ser um bom observador da natureza humana. E, mais uma vez, o essencial em última instância é saber que cabe ao próprio indivíduo olhar para a Lua, como bem ensinou Buda.

Posfácio[35]

Para aqueles que já tiveram alguma experiência espiritual, torna-se óbvio que nós, humanos, somos uma combinação de alma e corpo. E que todos nós experimentamos várias tentações demoníacas, mas também recebemos a ajuda de anjos, em diferentes momentos de nossa vida. No entanto, sob o disfarce de ciência, alguns estudos acadêmicos modernos e a educação em geral acabaram colocando um véu nos olhos das pessoas, impedindo que vejam essa verdade simples, e isso resultou no predomínio do ateísmo, dos materialistas e das visões equivocadas que vêm sendo propostas por religiões distorcidas.

Em geral, é possível expulsar espíritos possessores usando recursos como o CD no qual eu recito *As Palavras da Verdade Proferidas por Buda*, os meus DVDs de palestras, o estudo da Verdade Búdica e o *kigan* (prece ritual) no *shoja* (templo) da Happy Science. Apesar disso, a existência de demônios e de outras entidades similares não pode ser claramente provada nos tribunais ou nos hospitais.

---

[35] Este posfácio foi feito para o título em japonês *Shin no Exorcist* (compilado nos capítulos 2 a 4 deste livro).

O exorcismo que eu ensino reflete o conhecimento mais avançado que existe nessa área na sociedade moderna. É a integração do que vem sendo ensinado de modo fragmentado em diversas religiões, como o cristianismo, o islamismo, o budismo e o xintoísmo. Espero que você possa aprender esses ensinamentos em toda a sua profundidade.

Ryuho Okawa
Mestre e CEO do
Grupo Happy Science
5 de abril de 2019

Sobre o autor

Ryuho Okawa nasceu em 7 de julho de 1956, em Tokushima, Japão. Após graduar-se na Universidade de Tóquio, juntou-se a uma empresa mercantil com sede em Tóquio. Enquanto trabalhava na filial de Nova York, estudou Finanças Internacionais no Graduate Center of the City University of New York.

Em 23 de março de 1981, alcançou a Grande Iluminação e despertou para Sua consciência central, El Cantare – cuja missão é trazer felicidade para a humanidade – e fundou a Happy Science em 1986.

Atualmente, a Happy Science expandiu-se para mais de 100 países, com mais de 700 templos locais no Japão e no exterior. O mestre Ryuho Okawa realizou mais de 3.100 palestras, sendo mais de 150 em inglês. Ele possui mais de 2.600 livros publicados – traduzidos para mais de 31 línguas –, muitos dos quais alcançaram a casa dos milhões de cópias vendidas, inclusive *As Leis do Sol*.

Ele também é o fundador da Universidade Happy Science, da Happy Science Academy (ensino secundário), do Partido da Realização da Felicidade, fundador e Diretor Honorário do Instituto Happy Science de Governo e Gestão, fundador da Editora IRH Press e Presidente da New Star Production Co. Ltd. (estúdio cinematográfico) e da ARI Production Co. Ltd.

• Sobre o autor •

Grandes conferências transmitidas para o mundo todo

As grandes conferências do mestre Ryuho Okawa são transmitidas ao vivo para várias partes do mundo. Em cada uma delas, ele transmite, na posição de Mestre do Mundo, desde ensinamentos sobre o coração para termos uma vida feliz até diretrizes à política e à economia internacional e às numerosas questões globais – como os confrontos religiosos e os conflitos que ocorrem em diversas partes do planeta –, para que o mundo possa concretizar um futuro de prosperidade ainda maior.

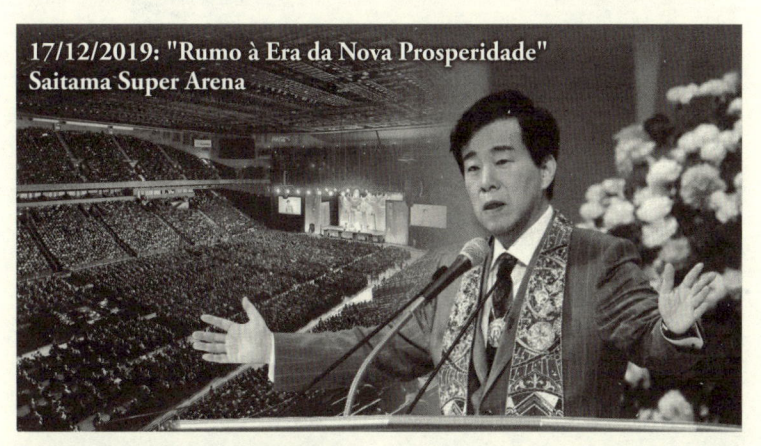

17/12/2019: "Rumo à Era da Nova Prosperidade"
Saitama Super Arena

6/10/2019: "A Razão pela qual Estamos Aqui"
The Westin Harbour Castle, Toronto

3/3/2019: "O Amor Supera o Ódio"
Grand Hyatt Taipei

Mais de 2.600 livros publicados

As obras do mestre Ryuho Okawa foram traduzidas em 31 línguas e vêm sendo cada vez mais lidas no mundo inteiro. Em 2010, ele recebeu menção no livro *Guinness World Records* por ter publicado 52 títulos em um ano. Ao longo de 2013, publicou 106 livros. Em dezembro de 2019, o número de livros lançados pelo mestre Okawa passou de 2.600.

Entre eles, há também muitas mensagens de espíritos de grandes figuras históricas e de espíritos guardiões de importantes personalidades que vivem no mundo atual.

Sobre a Happy Science

A Happy Science é um movimento global que capacita as pessoas a encontrar um propósito de vida e felicidade espiritual, e a compartilhar essa felicidade com a família, a sociedade e o planeta. Com mais de 12 milhões de membros em todo o globo, ela visa aumentar a consciência das verdades espirituais e expandir nossa capacidade de amor, compaixão e alegria, para que juntos possamos criar o tipo de mundo no qual todos desejamos viver. Seus ensinamentos baseiam-se nos Princípios da Felicidade – Amor, Conhecimento, Reflexão e Desenvolvimento –, que abraçam filosofias e crenças mundiais, transcendendo as fronteiras da cultura e das religiões.

O **amor** nos ensina a dar livremente sem esperar nada em troca; abrange dar, nutrir e perdoar.

O **conhecimento** nos leva às ideias das verdades espirituais e nos abre para o verdadeiro significado da vida e da vontade de Deus – o universo, o poder mais alto, Buda.

A **reflexão** traz uma atenção consciente, sem o julgamento de nossos pensamentos e ações a fim de nos ajudar a encontrar o nosso eu verdadeiro – a essência de nossa alma – e aprofundar nossa conexão com o poder mais alto. Isso nos permite alcançar uma mente limpa e pacífica e nos leva ao caminho certo da vida.

O **desenvolvimento** enfatiza os aspectos positivos e dinâmicos do nosso crescimento espiritual: ações que podemos adotar para manifestar e espalhar a felicidade pelo planeta. É um caminho que não apenas expande o crescimento de nossa alma, como também promove o potencial coletivo do mundo em que vivemos.

Programas e Eventos

Os templos locais da Happy Science oferecem regularmente eventos, programas e seminários. Junte-se às nossas sessões de meditação, assista às nossas palestras, participe dos grupos de estudo, seminários e eventos literários. Nossos programas ajudarão você a:
- aprofundar sua compreensão do propósito e significado da vida;
- melhorar seus relacionamentos conforme você aprende a amar incondicionalmente;
- aprender a tranquilizar a mente mesmo em dias estressantes, pela prática da contemplação e da meditação;
- aprender a superar os desafios da vida e muito mais.

Contatos

A Happy Science é uma organização mundial, com centros de fé espalhados pelo globo. Para ver a lista completa dos centros, visite a página happy-science.org. A seguir encontram-se alguns dos endereços da Happy Science:

BRASIL

São Paulo (MATRIZ)
Rua Domingos de Morais 1154,
Vila Mariana, São Paulo, SP
CEP 04010-100, Brasil
Tel.: 55-11-5088-3800
E-mail: sp@happy-science.org
Website: happyscience.com.br

São Paulo (ZONA SUL)
Rua Domingos de Morais 1154,
Vila Mariana, São Paulo, SP
CEP 04010-100, Brasil
Tel.: 55-11-5088-3800
E-mail: sp_sul@happy-science.org

São Paulo (ZONA LESTE)
Rua Fernão Tavares 124,
Tatuapé, São Paulo, SP
CEP 03306-030, Brasil
Tel.: 55-11-2295-8500
E-mail: sp_leste@happy-science.org

São Paulo (ZONA OESTE)
Rua Rio Azul 194,
Jardim Trussardi, São Paulo, SP
CEP 05519-120, Brasil
Tel.: 55-11-3061-5400
E-mail: sp_oeste@happy-science.org

Campinas
Rua Joana de Gusmão 187,
Jd. Guanabara, Campinas, SP
CEP 13073-370, Brasil
Tel.: 55-19-3255-3346

Capão Bonito
Rua Benjamin Constant 225,
Centro, Capão Bonito, SP
CEP 18300-322, Brasil
Tel.: 55-15-3543-2010

Jundiaí
Rua Congo 447,
Jd. Bonfiglioli, Jundiaí, SP
CEP 13207-340, Brasil
Tel.: 55-11-4587-5952
E-mail: jundiai@happy-science.org

Londrina
Rua Piauí 399, 1º andar, sala 103,
Centro, Londrina, PR
CEP 86010-420, Brasil
Tel.: 55-43-3322-9073

Santos / São Vicente
Rua João Ramalho 574, sala 4,
Centro, São Vicente, SP
CEP 11310-050, Brasil
Tel.: 55-13-99158-4589
E-mail: santos@happy-science.org

Sorocaba
Rua Dr. Álvaro Soares 195, sala 3,
Centro, Sorocaba, SP
CEP 18010-190, Brasil
Tel.: 55-15-3359-1601, 55-15-3359-1601
E-mail: sorocaba@happy-science.org

Rio de Janeiro
Largo do Machado 21, sala 605,
Catete, Rio de Janeiro, RJ
CEP 22221-020, Brasil
Tel.: 55-21-3486-6987
E-mail: riodejaneiro@happy-science.org

ESTADOS UNIDOS E CANADÁ

Nova York
79 Franklin St.,
Nova York, NY 10013
Tel.: 1-212-343-7972
Fax: 1-212-343-7973
E-mail: ny@happy-science.org
Website: happyscience-na.org

Los Angeles
1590 E. Del Mar Blvd.,
Pasadena, CA 91106
Tel.: 1-626-395-7775
Fax: 1-626-395-7776
E-mail: la@happy-science.org
Website: happyscience-na.org

San Francisco
525 Clinton St.,
Redwood City, CA 94062
Tel./Fax: 1-650-363-2777
E-mail: sf@happy-science.org
Website: happyscience-na.org

Havaí
Tel.: 1-808-591-9772
Fax: 1-808-591-9776
E-mail: hi@happy-science.org
Website: happyscience-na.org

Kauai
4504 Kukui Street.,
Dragon Building Suite 21,
Kapaa, HI 96746
Tel.: 1-808-822-7007
Fax: 1-808-822-6007
E-mail: kauai-hi@happy-science.org
Website: happyscience-na.org

Flórida
5208 8thSt., Zephyrhills,
Flórida 33542
Tel.: 1-813-715-0000
Fax: 1-813-715-0010
E-mail: florida@happy-science.org
Website: happyscience-na.org

Toronto
845 The Queensway Etobicoke,
ON M8Z 1N6, Canadá
Tel.: 1-416-901-3747
E-mail: toronto@happy-science.org
Website: happy-science.ca

• CONTATOS •

INTERNACIONAL

Tóquio
1-6-7 Togoshi, Shinagawa
Tóquio, 142-0041, Japão
Tel.: 81-3-6384-5770
Fax: 81-3-6384-5776
E-mail: tokyo@happy-science.org
Website: happy-science.org

Londres
3 Margaret St.,
Londres, W1W 8RE, Grã-Bretanha
Tel.: 44-20-7323-9255
Fax: 44-20-7323-9344
E-mail: eu@happy-science.org
Website: happyscience-uk.org

Sydney
516 Pacific Hwy, Lane Cove North,
NSW 2066, Austrália
Tel.: 61-2-9411-2877
Fax: 61-2-9411-2822
E-mail: sydney@happy-science.org
Website: happyscience.org.au

Nepal
Kathmandu Metropolitan City
Ward Nº 15, Ring Road, Kimdol,
Sitapaila Kathmandu, Nepal
Tel.: 977-1-427-2931
E-mail: nepal@happy-science.org

Uganda
Plot 877 Rubaga Road, Kampala
P.O. Box 34130, Kampala, Uganda
Tel.: 256-79-3238-002
E-mail: uganda@happy-science.org

Tailândia
19 Soi Sukhumvit 60/1,
Bang Chak, Phra Khanong,
Bancoc, 10260, Tailândia
Tel.: 66-2-007-1419
E-mail: bangkok@happy-science.org
Website: happyscience-thai.org

Indonésia
Darmawangsa
Square Lt. 2 Nº 225,
Jl. Darmawangsa VI & IX,
Indonésia
Tel.: 021-7278-0756
E-mail: indonesia@happy-science.org

Filipinas Taytay
LGL Bldg, 2nd Floor,
Kadalagaham cor,
Rizal Ave. Taytay,
Rizal, Filipinas
Tel.: 63-2-5710686
E-mail: philippines@happy-science.org

Seul
74, Sadang-ro 27-gil,
Dongjak-gu, Seoul, Coreia do Sul
Tel.: 82-2-3478-8777
Fax: 82-2- 3478-9777
E-mail: korea@happy-science.org

Taipé
Nº 89, Lane 155, Dunhua N. Road.,
Songshan District, Cidade de Taipé 105,
Taiwan
Tel.: 886-2-2719-9377
Fax: 886-2-2719-5570
E-mail: taiwan@happy-science.org

Malásia
Nº 22A, Block 2, Jalil Link Jalan Jalil
Jaya 2, Bukit Jalil 57000, Kuala Lumpur,
Malásia
Tel.: 60-3-8998-7877
Fax: 60-3-8998-7977
E-mail: malaysia@happy-science.org
Website: happyscience.org.my

Partido da Realização da Felicidade

O Partido da Realização da Felicidade (PRF) foi fundado no Japão em maio de 2009 por Ryuho Okawa, como parte do Grupo Happy Science, para oferecer soluções concretas e práticas a assuntos atuais, como as ameaças militares da Coreia do Norte e da China e a recessão econômica de longo prazo. O PRF objetiva implementar reformas radicais no governo japonês, a fim de levar paz e prosperidade ao Japão. Para isso, o PRF propõe duas medidas principais:

1. Fortalecer a segurança nacional e a aliança Japão-EUA, que tem papel vital para a estabilidade da Ásia.
2. Melhorar a economia japonesa implementando cortes drásticos de impostos, adotando medidas monetárias facilitadoras e criando novos grandes setores.

O PRF defende que o Japão deve oferecer um modelo de nação religiosa que permita a coexistência de valores e crenças diversos, e que contribua para a paz global.

Para mais informações, visite en.hr-party.jp

Universidade Happy Science

O espírito fundador e a meta da educação

Com base na filosofia fundadora da universidade, que é de "Busca da felicidade e criação de uma nova civilização", são oferecidos educação, pesquisa e estudos para ajudar os estudantes a adquirirem profunda compreensão, assentada na crença religiosa, e uma expertise avançada, para com isso produzir "grandes talentos de virtude" que possam contribuir de maneira abrangente para servir o Japão e a comunidade internacional.

Filmes da Happy Science

O mestre Okawa é criador e produtor executivo de dezoito filmes, que receberam vários prêmios e reconhecimento ao redor do mundo. Dentre eles:

- As Terríveis Revelações de Nostradamus (1994)
- Hermes – Ventos do Amor (1997)
- As Leis do Sol (2000)
- As Leis Douradas (2003)
- As Leis da Eternidade (2006)
- O Renascimento de Buda (2009)
- As Leis Místicas (2012)
- As Leis do Universo – Parte 0 (2015)
- As Leis do Universo – Parte I (2018)
- Confortando o Coração (título provisório) – documentário (2018)
- A Última Feiticeira do Amor (2019)
- Vidas que se Iluminam (título provisório) – documentário (2019)
- Herói Imotal (2019)
- A Verdadeira Exorcista (2020)

As Leis do Sol

As Leis Douradas

• FILMES DA HAPPY SCIENCE •

As Leis da Eternidade

As Leis Místicas

As Leis do Universo (Parte 0)

As Leis do Universo (Parte I)

A Verdadeira Exorcista

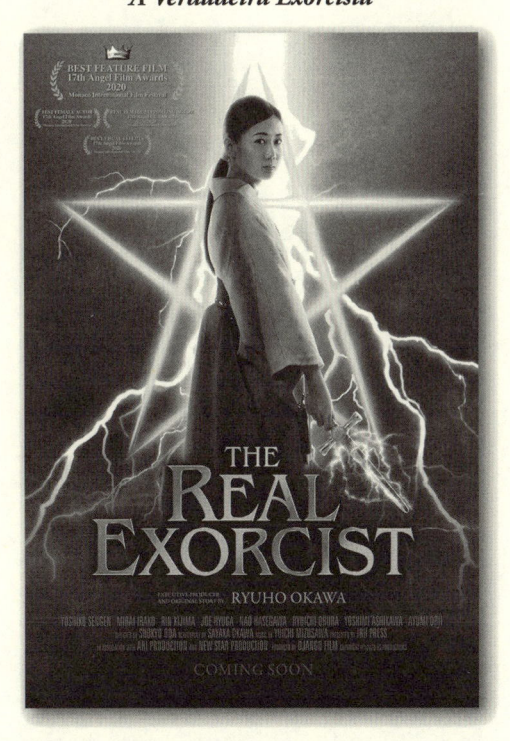

Herói Imortal

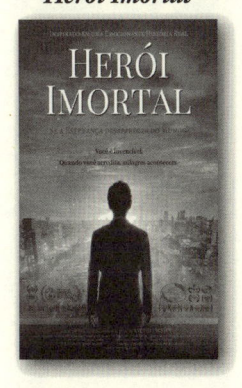

Outros livros de Ryuho Okawa

SÉRIE LEIS

As Leis do Sol – *A Gênese e o Plano de Deus*
IRH Press do Brasil

Ao compreender as leis naturais que regem o universo e desenvolver sabedoria pela reflexão com base nos Oito Corretos Caminhos, o autor mostra como acelerar nosso processo de desenvolvimento e ascensão espiritual. Edição revista e ampliada.

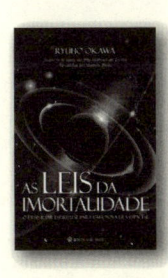

As Leis da Imortalidade
O Despertar Espiritual para uma Nova Era Espacial
IRH Press do Brasil

As verdades sobre os fenômenos espirituais, as leis espirituais eternas e como elas moldam o nosso planeta. Milagres e ocorrências espirituais dependem não só do Mundo Celestial, mas sobretudo de cada um de nós e do poder em nosso interior – o poder da fé.

As Leis Místicas
Transcendendo as Dimensões Espirituais
IRH Press do Brasil

Aqui são esclarecidas questões sobre espiritualidade, misticismo, possessões e fenômenos místicos, comunicações espirituais e milagres. Você compreenderá o verdadeiro significado da vida na Terra, fortalecerá sua fé e despertará o poder de superar seus limites.

As Leis da Salvação
Fé e a Sociedade Futura
IRH Press do Brasil

O livro fala sobre a fé e aborda temas importantes como a verdadeira natureza do homem enquanto ser espiritual, a necessidade da religião, a existência do bem e do mal, o papel das escolhas, a possibilidade do apocalipse, como seguir o caminho da fé e ter esperança no futuro.

As Leis da Eternidade – *A Revelação dos Segredos das Dimensões Espirituais do Universo*
Editora Cultrix

O autor revela os aspectos multidimensionais do Outro Mundo, descrevendo suas dimensões, características e leis. Ele também explica por que é essencial para nós compreendermos a estrutura e a história do mundo espiritual e percebermos a razão de nossa vida.

As Leis da Felicidade
Os Quatro Princípios para uma Vida Bem-Sucedida
Editora Cultrix

Uma introdução básica sobre os Princípios da Felicidade: Amor, Conhecimento, Reflexão e Desenvolvimento. Se as pessoas conseguirem dominá-los, podem fazer sua vida brilhar, tanto neste mundo como no outro, e escapar do sofrimento para alcançar a verdadeira felicidade.

• Outros livros de Ryuho Okawa •

As Leis da Sabedoria
Faça Seu Diamante Interior Brilhar
IRH Press do Brasil

A única coisa que o ser humano leva consigo para o outro mundo após a morte é seu *coração*. E dentro dele reside a *sabedoria*, a parte que preserva o brilho de um diamante. O mais importante é jogar um raio de luz sobre seu modo de vida e produzir magníficos cristais durante sua preciosa passagem pela Terra.

As Leis da Justiça – *Como Resolver os Conflitos Mundiais e Alcançar a Paz*
IRH Press do Brasil

Neste livro, o autor assumiu o desafio de colocar as revelações de Deus como um tema de estudo acadêmico. Buscou formular uma imagem de como a justiça deveria ser neste mundo, vista da perspectiva de Deus ou de Buda. Alguns de seus leitores sentirão nestas palavras a presença de Deus no nível global.

As Leis do Futuro
Os Sinais da Nova Era
IRH Press do Brasil

O futuro está em suas mãos. O destino não é algo imutável e pode ser alterado por seus pensamentos e suas escolhas: tudo depende de seu despertar interior. Podemos encontrar o Caminho da Vitória usando a força do pensamento para obter sucesso na vida material e espiritual.

As Leis da Perseverança – *Como Romper os Dogmas da Sociedade e Superar as Fases Difíceis da Vida*
IRH Press do Brasil

Você pode mudar sua forma de pensar e vencer os obstáculos da vida apoiando-se numa força especial: a perseverança. O autor compartilha seus segredos no uso da perseverança e do esforço para fortalecer sua mente, superar suas limitações e resistir ao longo do caminho que o levará a uma vitória infalível.

As Leis da Missão
Desperte Agora para as Verdades Espirituais
IRH Press do Brasil

O autor afirma: "Agora é a hora". Quando a humanidade está se debatendo no mais profundo sofrimento, é nesse momento que Deus está mais presente. Estas também são as leis da salvação, do amor, do perdão e da verdade. Construa um túnel para perfurar a montanha da teoria.

As Leis da Invencibilidade – *Como Desenvolver uma Mente Estratégica e Gerencial*
IRH Press do Brasil

Okawa afirma: "Desejo fervorosamente que todos alcancem a verdadeira felicidade neste mundo e que ela persista na vida após a morte. Um intenso sentimento meu está contido na palavra 'invencibilidade'. Espero que este livro dê coragem e sabedoria àqueles que o leem hoje e às gerações futuras".

• Outros livros de Ryuho Okawa •

As Leis da Fé
Um Mundo Além das Diferenças
IRH Press do Brasil

Sem Deus é impossível haver elevação do caráter e da moral do ser humano. As pessoas são capazes de carregar sentimentos sublimes quando creem em algo maior do que elas mesmas. Eis aqui a chave para aceitar a diversidade, harmonizar os indivíduos e as nações e criar um mundo de paz e prosperidade.

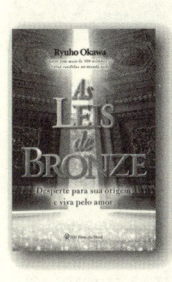

As Leis de Bronze
Desperte para sua origem e viva pelo amor
IRH Press do Brasil

Okawa nos encoraja a encontrar o amor de Deus dentro de cada um e a conhecer a Verdade universal. Com ela, é possível construir a fé, que é altruísta e forte como as portas de bronze das seculares igrejas cristãs europeias, que protegem nossa felicidade espiritual de quaisquer dificuldades.

As Leis do Sucesso – *Um Guia Espiritual para Transformar suas Esperanças em Realidade*
IRH Press do Brasil

O autor mostra quais são as posturas mentais e atitudes que irão empoderar você e fazer seus sonhos se tornarem realidade, inspirando-o para que possa vencer obstáculos e viver cada dia de forma positiva, construtiva e com sentido. Aqui está a chave para um novo futuro, cheio de esperança, coragem e felicidade!

As Leis de Aço
Viva com Resiliência, Confiança e Prosperidade
IRH Press do Brasil

A palavra "aço" refere-se à nossa verdadeira força e resiliência como filhos de Deus. Temos o poder interior de manifestar felicidade e prosperidade, e superar qualquer mal ou conflito que atrapalhe a próxima Era de Ouro – na qual a humanidade irá prosperar em harmonia.

Série Entrevistas Espirituais

A Última Mensagem de Nelson Mandela para o Mundo – *Uma Conversa com Madiba Seis Horas Após Sua Morte.*
IRH Press do Brasil

Mandela transmitiu a Okawa sua última mensagem de amor e justiça para todos, antes de retornar ao Mundo Espiritual. Porém, a revelação mais surpreendente é que Mandela é um Grande Anjo de Luz, trazido a este mundo para promover a justiça divina.

Mensagens do Céu – *Revelações de Jesus, Buda, Moisés e Maomé para o Mundo Moderno*
IRH Press do Brasil

Mensagens desses líderes religiosos, recebidas por comunicação espiritual, para as pessoas de hoje. Você compreenderá como eles influenciaram a humanidade e por que cada um deles foi um mensageiro de Deus empenhado em guiar as pessoas.

• Outros livros de Ryuho Okawa •

O Próximo Grande Despertar
Um Renascimento Espiritual
IRH Press do Brasil

Esta obra traz revelações surpreendentes, que podem desafiar suas crenças: a existência de Espíritos Superiores, Anjos da Guarda e alienígenas aqui na Terra. São mensagens transmitidas pelos Espíritos Superiores a Okawa, para que você compreenda a verdade sobre o que chamamos de *realidade*.

A Verdade sobre o Massacre de Nanquim
Revelações de Iris Chang
IRH Press do Brasil

Em 1997, Iris Chang lançou *O Estupro de Nanquim*, sobre as supostas atrocidades cometidas pelo exército japonês na Guerra Sino-Japonesa. Para esclarecer o assunto, Okawa invocou o espírito da jornalista dez anos após sua morte e revela o estado de Chang antes de morrer e a possível conspiração por trás de seu livro.

Mensagens de Jesus Cristo
A Ressurreição do Amor
Editora Cultrix

Assim como muitos outros Espíritos Superiores, Jesus Cristo tem transmitido diversas mensagens espirituais ao mestre Okawa, cujo objetivo é orientar a humanidade e despertá-la para uma nova era de espiritualidade.

Walt Disney
Os Segredos da Magia que Encanta as Pessoas
IRH Press do Brasil

Graças à sua atuação diversificada, Walt Disney estabeleceu uma base sólida para seus empreendimentos. Nesta entrevista espiritual, ele nos revela os segredos do sucesso que o consagrou como um dos mais bem-sucedidos empresários da área de entretenimento do mundo contemporâneo.

SÉRIE AUTOAJUDA

Estou Bem! – *7 Passos para uma Vida Feliz*
IRH Press do Brasil

Este livro traz filosofias universais que irão atender às necessidades de qualquer pessoa. Um tesouro repleto de reflexões que transcendem as diferenças culturais, geográficas, religiosas e étnicas. É uma fonte de inspiração e transformação com instruções concretas para uma vida feliz.

THINK BIG – Pense Grande
O Poder para Criar o Seu Futuro
IRH Press do Brasil

A ação começa dentro da mente. A capacidade de criar de cada pessoa é limitada por sua capacidade de pensar. Com este livro, você aprenderá o verdadeiro significado do Pensamento Positivo e como usá-lo de forma efetiva para concretizar seus sonhos.

• Outros livros de Ryuho Okawa •

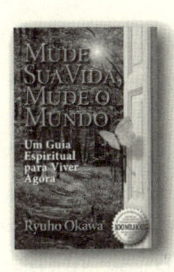

Mude Sua Vida, Mude o Mundo
Um Guia Espiritual para Viver Agora
IRH Press do Brasil

Este livro é uma mensagem de esperança, que contém a solução para o estado de crise em que vivemos hoje. É um chamado para nos fazer despertar para a Verdade de nossa ascendência, a fim de que todos nós possamos reconstruir o planeta e transformá-lo numa terra de paz, prosperidade e felicidade.

O Milagre da Meditação
Conquiste Paz, Alegria e Poder Interior
IRH Press do Brasil

A meditação pode abrir sua mente para o potencial de transformação que existe dentro de você e conectar sua alma à sabedoria celestial, tudo pela força da fé. Este livro combina o poder da fé e a prática da meditação para ajudá-lo a conquistar paz interior e cultivar uma vida repleta de altruísmo e compaixão.

Gestão Empresarial – *Os Conceitos Fundamentais para a Prosperidade nos Negócios*
IRH Press do Brasil

Uma obra muito útil tanto para os gestores empresariais como para aqueles que pretendem ingressar no mundo dos negócios. Os princípios aqui ensinados podem transformar um pequeno empreendimento em uma grande empresa, do porte daquelas cujas ações são negociadas na Bolsa de Valores.

A Mente Inabalável
Como Superar as Dificuldades da Vida
IRH Press do Brasil

Para o autor, a melhor solução para lidar com os obstáculos da vida – sejam eles problemas pessoais ou profissionais, tragédias inesperadas ou dificuldades contínuas – é ter uma mente inabalável. E você pode conquistar isso ao adquirir confiança em si mesmo e alcançar o crescimento espiritual.

Mente Próspera – *Desenvolva uma mentalidade para atrair riquezas infinitas*
IRH Press do Brasil

Okawa afirma que não há problema em querer ganhar dinheiro se você procura trazer algum benefício à sociedade. Ele dá orientações valiosas como: a atitude mental de *não rejeitar a riqueza*, a filosofia do *dinheiro é tempo*, como manter os espíritos da pobreza afastados, entre outros.

Trabalho e Amor
Como Construir uma Carreira Brilhante
IRH Press do Brasil

Okawa introduz dez princípios para você desenvolver sua vocação e conferir valor, propósito e uma devoção de coração ao seu trabalho. Você irá descobrir princípios que propiciam: atitude mental voltada para o desenvolvimento e a liderança; avanço na carreira; saúde e vitalidade duradouras.

• Outros livros de Ryuho Okawa •

Pensamento Vencedor
Estratégia para Transformar o Fracasso em Sucesso
Editora Cultrix

Esse pensamento baseia-se nos ensinamentos de reflexão e desenvolvimento necessários para superar as dificuldades da vida e obter prosperidade. Ao estudar a filosofia contida neste livro e colocá-la em prática, você será capaz de declarar que não existe essa coisa chamada *derrota* – só existe o *sucesso*.

Série Felicidade

O Caminho da Felicidade
Torne-se um Anjo na Terra
IRH Press do Brasil

Aqui se encontra a íntegra dos ensinamentos de Ryuho Okawa e que servem de introdução aos que buscam o aperfeiçoamento espiritual: são *Verdades Universais* que podem transformar sua vida e conduzi-lo para o caminho da felicidade.

Ame, Nutra e Perdoe
Um Guia Capaz de Iluminar Sua Vida
IRH Press do Brasil

O autor revela os segredos para o crescimento espiritual por meio dos *Estágios do amor*. Cada estágio representa um nível de elevação. O objetivo do aprimoramento da alma humana na Terra é progredir por esses estágios e desenvolver uma nova visão do amor.

Manifesto do Partido da Realização da Felicidade
Um Projeto para o Futuro de uma Nação
IRH Press do Brasil

Nesta obra, o autor declara: "Devemos mobilizar o potencial das pessoas que reconhecem a existência de Deus e de Buda, além de acreditar na Verdade, e trabalhar para construir uma utopia mundial. Devemos fazer do Japão o ponto de partida de nossas atividades políticas e causar impacto no mundo todo".

Convite à Felicidade
7 Inspirações do Seu Anjo Interior
IRH Press do Brasil

Este livro traz métodos práticos que ajudarão você a criar novos hábitos para ter uma vida mais leve, despreocupada, satisfatória e feliz. Por meio de sete inspirações, você será guiado até o anjo que existe em seu interior: a força que o ajuda a obter coragem e inspiração e ser verdadeiro consigo mesmo.

A Essência de Buda – *O Caminho da Iluminação e da Espiritualidade Superior*
IRH Press do Brasil

Este guia almeja orientar aqueles que estão em busca da iluminação. Você descobrirá que os fundamentos espiritualistas, tão difundidos hoje, na verdade foram ensinados por Buda Shakyamuni, como os Oito Corretos Caminhos, as Seis Perfeições, a Lei de Causa e Efeito e o Carma, entre outros.

• Outros livros de Ryuho Okawa •

Curando a Si Mesmo
A Verdadeira Relação entre Corpo e Espírito
Editora Cultrix

Com este livro sua vida mudará por completo e você descobrirá a verdade sobre a mente e o corpo. Ele contém revelações sobre o funcionamento da possessão espiritual e como podemos nos livrar dela; mostra os segredos do funcionamento da alma e como o corpo humano está ligado ao plano espiritual.

A Verdade sobre o Mundo Espiritual
Guia para uma vida feliz
IRH Press do Brasil

Em forma de perguntas e respostas, este precioso manual vai ajudá-lo a compreender diversas questões importantes sobre o mundo espiritual. Entre elas: o que acontece com as pessoas depois que morrem? Qual é a verdadeira forma do Céu e do Inferno? O tempo de vida de uma pessoa está predeterminado?

O Ponto de Partida da Felicidade
– Um Guia Prático e Intuitivo para Descobrir o Amor, a Sabedoria e a Fé.
Editora Cultrix

Como seres humanos, viemos a este mundo sem nada e sem nada o deixaremos. Podemos nos dedicar a conquistar bens materiais ou buscar o verdadeiro caminho da felicidade – construído com o amor que dá, que acolhe a luz. Okawa nos mostra como alcançar a felicidade e ter uma vida plena de sentido.

As Chaves da Felicidade – *Os 10 Princípios para Manifestar a Sua Natureza Divina*
Editora Cultrix

Neste livro, o autor ensina de forma simples e prática os dez princípios básicos – Felicidade, Amor, Coração, Iluminação, Desenvolvimento, Conhecimento, Utopia, Salvação, Reflexão e Oração – que servem de bússola para nosso crescimento espiritual e nossa felicidade.